中映良品 编著

成都时代出版社

游泳是一项非常有趣的休闲娱乐运动。它与其他体育运动最大的不同就在于它是在水环境中进行的。人类本质上是亲水的,在水环境中,人们可以尽情地享受水的柔和与清凉。人在水的浮力作用下,可以产生异于陆地的美妙体验。学会了游泳,还可以参与到冲浪、帆船、飞艇等更多的水上运动中去。

游泳作为一项全身性的运动,对改善人体机能、提高身体素质、增强人体抵抗力、健美塑身、释放精神压力、培养坚强意志等都具有显著的作用。毛泽东一生酷爱游泳,曾先后13次横渡长江,还写下了脍炙人口的《水调歌头·游泳》;邓小平在八九十岁的高龄还下海游泳,并乐此不疲。人们为身形健美的孙杨等游泳健将在世界大赛上打破纪录而欢呼雀跃,自豪之余,也忍不住想要下水一试。

游泳的能力并不是与生俱来的,但是即便是"旱鸭子",只要掌握了一定的游泳技

序 言
Preface

巧和要领，并在水中练习上一阵子，很容易就能学会游泳。

本书图文并茂、由浅入深地介绍了游泳运动的基本技术，以及奥运会四大项目——自由泳、蛙泳、仰泳和蝶泳——的练习方法。书中运用了大量的图片，以形象、直观的方式对各项技术要领进行讲解，并结合下水练习，让读者快速地掌握游泳的规范动作、正确的技术和训练方法。此外，本书对游泳环境的选择、安全注意事项、一般急救常识、赛事规则等均有介绍，让读者在轻松、愉悦的阅读中更好地了解、欣赏和参与这项运动。

本书可以作为游泳初学者的入门指导，也可以作为游泳爱好者提高自身游泳技术的范本，还可以作为辅助游泳教学的参考教材使用。

快快加入到游泳的行列中来吧！一起体验"不管风吹浪打，胜似闲庭信步"的美妙境界！

第一章 游泳前的基础学习
Basic Knowledge Before Learning Swimming

一、游泳运动的力学原理⋯⋯⋯⋯⋯⋯⋯⋯⋯⋯⋯⋯⋯⋯⋯⋯⋯⋯⋯⋯⋯⋯⋯⋯ 8
二、游泳运动的分类⋯⋯⋯⋯⋯⋯⋯⋯⋯⋯⋯⋯⋯⋯⋯⋯⋯⋯⋯⋯⋯⋯⋯⋯⋯ 11
三、常用游泳器材⋯⋯⋯⋯⋯⋯⋯⋯⋯⋯⋯⋯⋯⋯⋯⋯⋯⋯⋯⋯⋯⋯⋯⋯⋯⋯ 12
四、必要的热身运动⋯⋯⋯⋯⋯⋯⋯⋯⋯⋯⋯⋯⋯⋯⋯⋯⋯⋯⋯⋯⋯⋯⋯⋯⋯ 14
五、熟悉水性的练习⋯⋯⋯⋯⋯⋯⋯⋯⋯⋯⋯⋯⋯⋯⋯⋯⋯⋯⋯⋯⋯⋯⋯⋯⋯ 14
六、打水练习⋯⋯⋯⋯⋯⋯⋯⋯⋯⋯⋯⋯⋯⋯⋯⋯⋯⋯⋯⋯⋯⋯⋯⋯⋯⋯⋯⋯ 20

第二章 标准（竞技）游泳技术
Standard(Competition) Techniques of Swimming

一、竞技游泳比赛项目⋯⋯⋯⋯⋯⋯⋯⋯⋯⋯⋯⋯⋯⋯⋯⋯⋯⋯⋯⋯⋯⋯⋯⋯ 24
二、专业技术用语⋯⋯⋯⋯⋯⋯⋯⋯⋯⋯⋯⋯⋯⋯⋯⋯⋯⋯⋯⋯⋯⋯⋯⋯⋯⋯ 25
三、游泳技术的关键要素⋯⋯⋯⋯⋯⋯⋯⋯⋯⋯⋯⋯⋯⋯⋯⋯⋯⋯⋯⋯⋯⋯⋯ 27
四、自由泳技术⋯⋯⋯⋯⋯⋯⋯⋯⋯⋯⋯⋯⋯⋯⋯⋯⋯⋯⋯⋯⋯⋯⋯⋯⋯⋯⋯ 29
五、仰泳技术⋯⋯⋯⋯⋯⋯⋯⋯⋯⋯⋯⋯⋯⋯⋯⋯⋯⋯⋯⋯⋯⋯⋯⋯⋯⋯⋯⋯ 50
六、蛙泳技术⋯⋯⋯⋯⋯⋯⋯⋯⋯⋯⋯⋯⋯⋯⋯⋯⋯⋯⋯⋯⋯⋯⋯⋯⋯⋯⋯⋯ 65
七、蝶泳技术⋯⋯⋯⋯⋯⋯⋯⋯⋯⋯⋯⋯⋯⋯⋯⋯⋯⋯⋯⋯⋯⋯⋯⋯⋯⋯⋯⋯ 80
八、出发技术⋯⋯⋯⋯⋯⋯⋯⋯⋯⋯⋯⋯⋯⋯⋯⋯⋯⋯⋯⋯⋯⋯⋯⋯⋯⋯⋯⋯ 93
九、转身技术⋯⋯⋯⋯⋯⋯⋯⋯⋯⋯⋯⋯⋯⋯⋯⋯⋯⋯⋯⋯⋯⋯⋯⋯⋯⋯⋯ 102
十、终点技术⋯⋯⋯⋯⋯⋯⋯⋯⋯⋯⋯⋯⋯⋯⋯⋯⋯⋯⋯⋯⋯⋯⋯⋯⋯⋯⋯ 115

第三章 实用游泳技术
Practical Techniques of Swimming

一、踩水 ·· 120
二、侧泳 ·· 122
三、反蛙泳 ·· 126
四、潜泳 ·· 128
五、着装游泳 ·· 130

第四章 游泳安全教育及救护
Swimming Safety and First Aid Lessons

一、游泳安全教育 ·· 134
二、游泳救护 ·· 140
三、与游泳有关的疾病及预防 ·· 146

附录 Appendix

一、游泳竞赛规则 ·· 147
二、游泳比赛池（馆）介绍 ·· 151
三、如何欣赏游泳比赛 ·· 156

Basic Knowledge Before Learning Swimming

第一章

游泳前的基础学习

游泳既是一项充满乐趣、强身健体的休闲运动，又是一项实用的生存技能，同时还是一项不分年龄的全民运动。无论人人还是小孩，掌握了基本的游泳技术就意味着在靠近水的地方会相对安全。如果想要参加其他振奋人心、充满激情的水上运动，如冲浪或帆船等，游泳技能更是不可或缺的。

游泳运动的力学原理
Mechanics Theories of Swimming

游泳活动发生在一个与日常生活截然不同的"水环境"中，需要利用四肢和躯干的协调性来进行。如何巧妙地利用水所具有的各种物理特性，合理解决浮力和重力、作用力和反作用力的问题，是获得水上"自由"的关键。

◎ 人体在水中浮沉的现象

初次下水的人，一旦水浸没到胸部就会感觉站不稳，似乎有股无形的力量使你的脚上浮，失去重心，因此会本能地紧紧抓住池边或其他支撑物，不敢松手。这是因为身体受到水的浮力的作用。浮力的方向是向上的，而重力是向下的。如果重力等于浮力则浮在水面，如果重力大于浮力则下沉。

人在水中沉还是浮，取决于身体密度的大小，一般人的骨骼、肌肉的密度都大于水的密度，而脂肪则小于水的密度。由于年龄、性别和发育程度存在差异，每个人的骨骼、肌肉、脂肪在身体内所占的比例不一样，所以每个人的浮力大小也存在差异。男子的肌肉约占体重的45%，脂肪约占体重的18%；女子的肌肉约占体重的35%，脂肪约占体重的25%。相比之下，男子在水中易沉，女子在水中易浮。老年人骨质老化，胶质减少、密度增加，在水中也容易下沉。如下图示：

名称	密度 (kg/cm³)	名称	密度 (kg/cm³)	名称	密度 (kg/cm³)
淡水（25℃）	1000	骨骼	1800	男性	978（数据为平均值）
脂肪	946	肌肉	1058	女性	962（数据为平均值）

根据人体不同的密度，可分为天然漂浮体、受呼吸制约漂浮体和天然下沉体。人体浮力对游泳速度影响较大，是游泳选材的重要指标之一。

◎ 人体在水中平衡的条件

初学游泳者在水中站不稳，是因为浮力的作用点与重力的作用点不在一条垂直线上，因而会产生前倾、后倒或侧斜的现象。只有浮力的作用点（浮心）与重力的作用点（重心）作用在一条垂线上，重心垂线落在两脚支撑面之间才能站稳。学游泳，首先要克服因水中浮力而产生的恐惧心理。要做到水中站立、行走自如，维持站立姿势平衡是学习游泳的第一步。

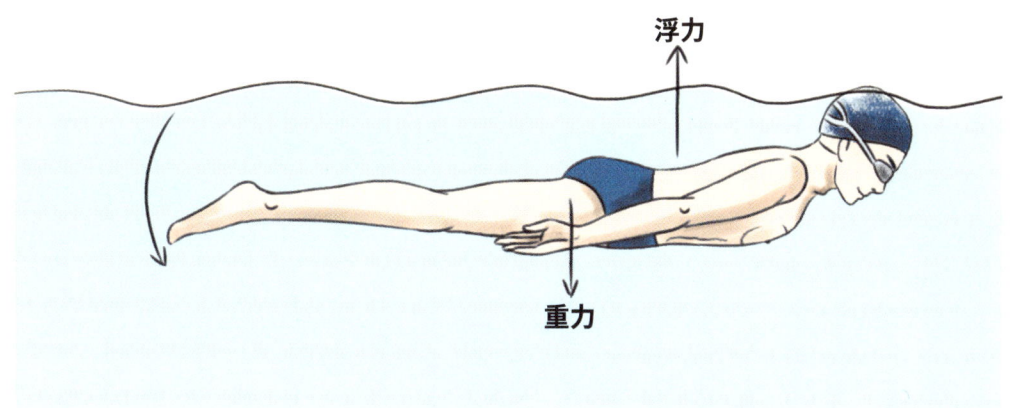

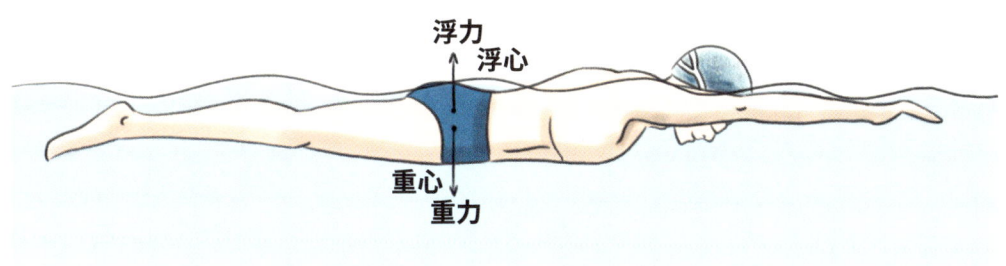

大多数的运动与我们人体直立姿势相关，而游泳则是以俯卧或仰卧姿势进行的。人体各部分并不匀称，各部分的重量不相同，因而所受到的浮力也不同。据研究，正常人的重心在骨盆髂嵴中间，而浮力则因胸腹腔内脏器的质量不同而靠近腹部中央。当人俯卧在水面上时，人体的重力和浮力的作用线不在同一垂直线上时，就会产生力矩，下肢下沉，因而不能保持平衡。当两臂前伸时，人体重心向前移动，浮心相对后移，这时人体的重心和浮心的作用力点在同一垂直线上,并且大小相等时,人体则可以保持平衡。由于水具有流动的特点,人在水中得不到固定的支撑,这种平衡往往被手、腿的动作和呼吸打破,这样就会增加初学者的心理压力和学习动作的难度。为了保持良好的身体位置和平衡,初学者一般从学习腿的动作开始。身体各部分尽量得到水的支撑(浮力),维持合理的平衡是学习游泳重要的一环。

◎ 呼吸与人体在水中的浮沉

在水中,人体密度的变化与呼吸有密切关系。人在吸足气时胸腔扩大,排水量增加,如同一个气球,这样密度可下降为 $960kg/cm^3$ ~ $990kg/cm^3$,小于水的密度 $1000kg/cm^3$,人则容易浮在水面;呼气时,胸腔变小,排水量减小,密度则可增至 $1020kg/cm^3$ ~ $1050kg/cm^3$,人则容易沉入水中。因此,学习掌握正确的呼吸方法对游泳运动有着十分重要的作用。

学习游泳最大的困难是改变人们在陆地上的呼吸习惯。在陆地上运动可以自由自在地呼吸,一般不会受到客观环境的约束,在水中运动则会受到水环境的限制,呼吸变得十分艰难,初学者呛水现象时有发生。

初学者由于动作不协调,技术不合理,身体位置偏低,换气时间短暂,往往会出现吸不到气的现象。学习游泳首先要学会用嘴在水面上吸气,用嘴、鼻在水面下呼气。在不同的情况下,掌握好吸气、屏气、呼气的节奏。即使头部露在水面上,也不能用鼻子吸气,否则将会把附着在鼻腔内的水珠吸入气管,产生呛水。

有的人常常感到抬了头张了嘴也吸不到气,其原因是胸廓受到水的压力,增加了呼吸的困难。只有熟练掌握正确的呼吸方式,适应水中特定的环境,才能克服怕水的心理障碍,这同样是学习游泳的前提。

游泳运动的分类 Styles of swimming

随着游泳运动的发展,游泳的分类和内容越来越细化。过去的游泳项目包括游泳、跳水、水球和花样游泳,现在都已分开,被列为独立的比赛项目。

现在,游泳运动大致分为竞技游泳、实用游泳和大众游泳三大类。

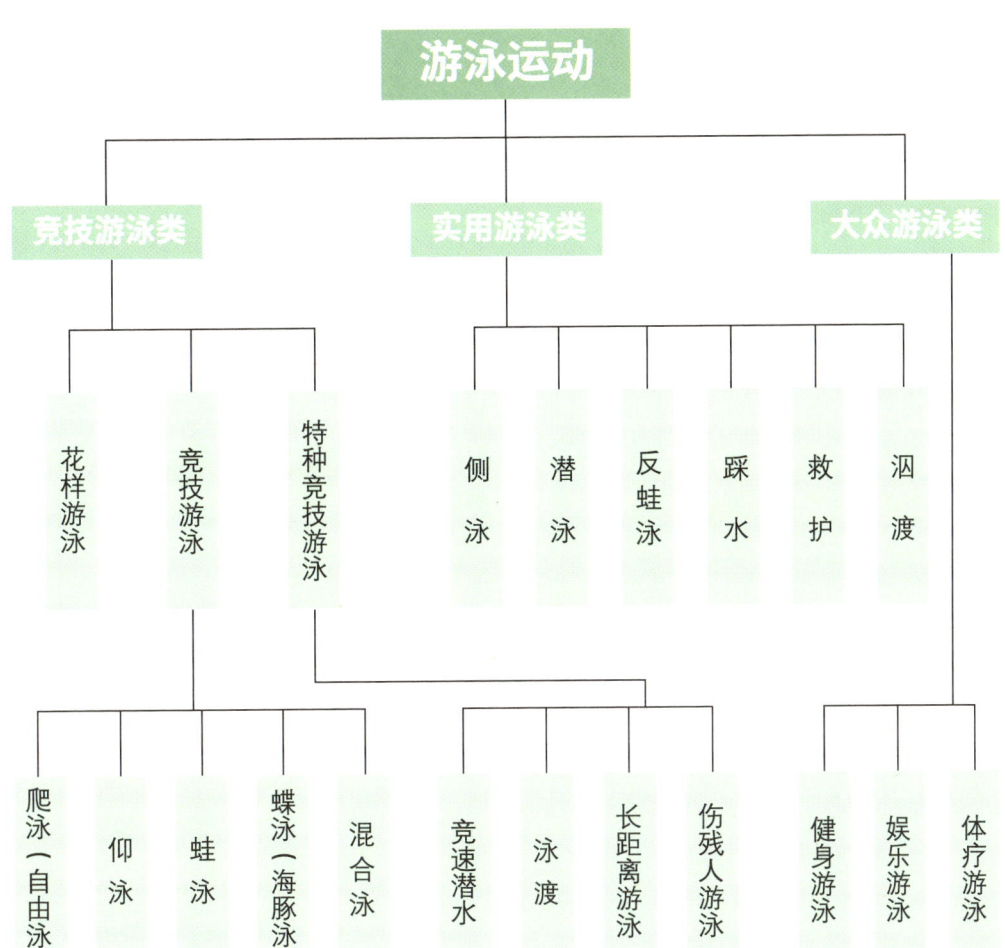

常用游泳器材
Common Equipments of Swimming

无论是初学者还是发烧友，泳衣、泳裤、泳帽、毛巾等都是游泳的必需品。在选购泳衣、泳裤时，应注意选择合身的款式，面料则以光滑、较厚，且弹性较好的为佳。游泳时还应戴泳帽，以防水质不好影响发质，长发女性戴泳帽还可以防止头发散乱。另外，准备毛巾、浴巾，方便游泳结束后擦干身体和头发。

下面着重介绍在游泳中经常使用的辅助器材。

游泳圈

游泳圈多为初学者熟悉水性时使用，采用的是防漏气安全阀以及防破损多气囊结构。购买时应选择符合卫生标准或医疗器械标准的材料，以免发生意外。

浮漂

浮漂也是初学者用于减轻怕水心理的辅助游泳用具。其种类多样，有可充气的背心、套在两臂上的浮袖和套在腰上的背浮等。

护目镜

护目镜是游泳训练必备的辅助器材，在游泳教学中使用的频率极高。它由高强度塑料或硅胶制成，种类繁多，可根据自己的脸型和眼眶的形状来选购。佩戴护目镜，可以有效避免游泳者眼睛与水的直接接触，从而减少眼部疾病的发生。由于佩戴后可以在水中更清楚地看到水下的情况以及自己的动作，能够减少危险事故的发生，在游泳运动过程中具有很好的辅助作用。现在还有可以防紫外线的产品，以及专为近视（或远视）游泳者准备的近视（或远视）产品可供选择。

浮板

　　浮板是在学习和练习游泳的过程中最常见的辅助用具之一，对提高游泳水平作用非常大。针对不同的训练侧重点，浮板有不同的使用方法，既可以供练习腿部运动用，也可夹在双腿间供划臂运动用。其规格多样，一般厚度为3~5厘米，分为大、小两种，基本形状分为长方形、三角形与不规则形三种。多采用体积轻巧、不吸水的材料制成。

划水掌

　　划水掌是游泳运动水上训练的辅助器材之一。在使用时，把它戴在手掌上，可以达到增大手的截面、发展上肢力量的目的。

脚蹼

　　脚蹼主要用于做上下鞭状打水的腿部练习，有助于发展腿部力量和增强踝关节的柔韧性。但在使用过程中，要注意控制运动负荷，以免造成踝关节损伤。

鼻夹和耳塞

　　为了防止游泳过程中鼻孔和耳孔进水，可以使用鼻夹和耳塞。但不宜过多使用，以免影响体会正确的游泳呼吸动作。

阻力衣、裤和腰带

　　阻力衣、裤和腰带是用于加强四肢力量训练的用品。可在泳衣、泳裤上附着朝前开口的口袋，这样在向前游时，口袋张开充水会增加阻力，从而起到增加游进负荷、锻炼四肢的作用。

必要的热身运动 Warm-up Exercises

游泳是一项很消耗体力的运动，对身体的柔韧性和协调性也有比较高的要求。如果突然开始运动，僵硬的肌肉和肌腱受到刺激，很容易发生痉挛或拉伤，甚至引发炎症。此外，水温低于体温，如果不做准备活动而直接下水，也会增加运动损伤的概率。因此，在进行游泳运动之前，最好先在岸上进行一些必要的热身运动，如慢跑、徒手操、伸展运动等，以此来提高神经系统的兴奋性，使心血管系统和呼吸系统预先得到准备，增强肌肉的活动能力。还可以做关节转动、旋转、环绕和牵拉等动作，来锻炼肩、踝等关节部位，从而提高身体的柔韧性。下水前可以慢慢地将水往身上拍，让身体逐渐适应水温。刚下水时，身体动作也宜舒缓，不宜过于剧烈。

伸展体操是慢慢地舒展肌肉和肌腱的一种准备活动，是游泳前最为常见、有效的一种热身运动。它具有无反作用、省力等优点，对提高身体的柔韧性、防止受伤大有裨益。做伸展体操时，应轻松自由地慢慢伸展，不要太过用力，一定要根据自己的身体状况而定。同时不要闭气，以免使身体紧张而变得僵硬，达不到放松的效果。

熟悉水性的练习 Get Familiar with Staying in the Water

熟悉水性是学习各种游泳技巧的重要的过渡练习，主要包括水中行走、呼吸练习、浮体与站立练习、水中滑行等方面，其中呼吸和滑行是学习重点。

◎ 水中行走

水中行走是熟悉水性的第一步，目的是让初学者体会并适应水的浮力和阻力，初步掌握在水中站立和行走时维持身体平衡的方法，消除怕水心理。

水中行走一般在齐腰深的水中进行。迈步时，身体略向行进方向倾斜，大腿略微抬起，小腿和脚提起后往行进方向迈进，下踏站稳后再提另一只脚；两臂在体侧轻轻拨水保持平衡。需要注意的是，开始行走时步子不宜太大，速度不宜太快，身体重心的移动要与腿的动作协调一致。

练习方法

※ 扶泳池边向前、向后、向两侧行走。用正常的走姿与高抬腿走相对比，体会哪种阻力小。若练习者较多，可排成一路纵队，后面的人扶住前面人的肩或腰向前行走，也可手拉手围成圈侧身走。

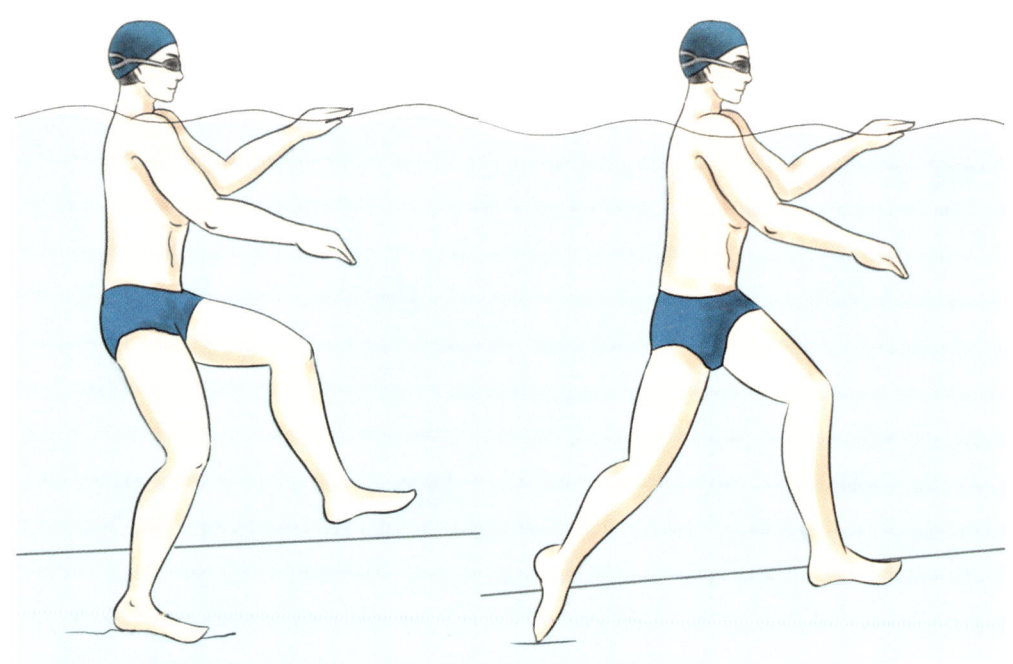

※ 双臂划水向前走，也可做跨步跳、跑和原地向上跳等动作。
※ 捉人游戏：在指定区域内，挑选两个人手拉手去捉人，被捉到的人再与捉人的人拉起手去捉其他人，直到把所有人都捉到为止。
※ 抢浮板游戏：几个人在水中围成一圈，在圈中放几块浮板（数量要少于人数），游戏开始后大家绕圈行走，当听到"停"时，大家立即争抢圈中的浮板并趴到浮板上。没抢到浮板或没有很好地趴到浮板上的人算失败。

◎ 呼吸练习

呼吸练习是熟悉水性的关键，初学者体会并适应头部入水的感觉，练习掌握呼吸过程、呼吸方法和呼吸节奏等，是消除怕水心理的必经阶段。

游泳时的呼吸，要用口在水面上吸气，吸气后面部浸入水中稍闭气，然后用口和鼻在水中缓慢呼气，呼气结束后将口鼻部露出水面再次吸气。由于此过程中面部大部分时间浸在水中，抬头吸气的时间比较短，因而要求在口鼻部露出水面时不停顿地迅速把气吐尽，并借此动作将附着在口、鼻周围的水吹走，然后快速吸气。呼气要尽，吸气要深，呼与吸之间需掌握好节奏。总的来说，水中的呼吸要按照"快吸、稍闭、慢呼、猛吐"的节奏进行。

练习方法

※ **水中闭气**：扶池边或拉同伴的手，吸气后闭气，再慢慢下蹲，把头部浸入水中，可睁大眼睛，在水中停留片刻后起立，在水面上换气。

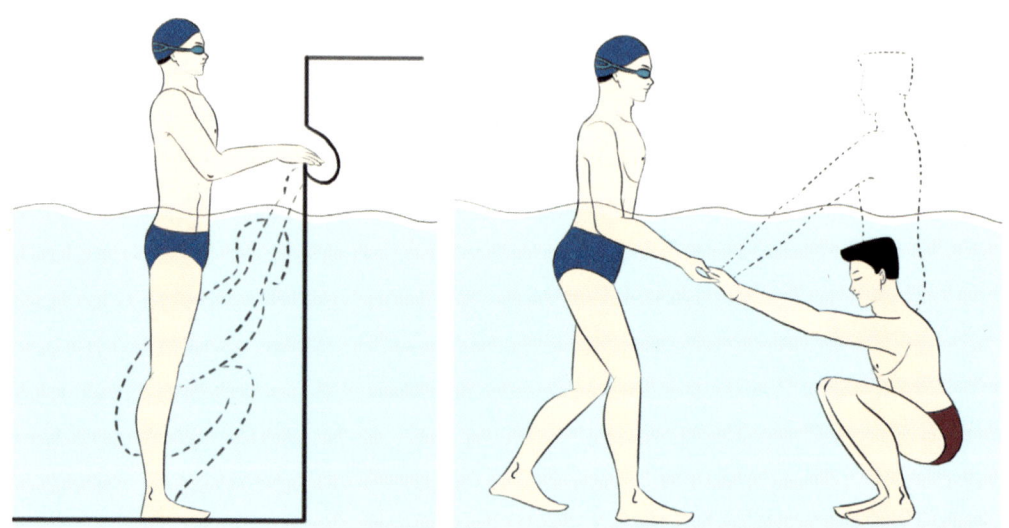

※ **连贯呼吸**：站立水中，扶池边或扶大腿，上体略前倾，两腿略下蹲。在水面上吸气后，低头将面部浸入水中，闭气片刻，抬头呼气，当口露出水面时，不停顿地迅速将气吐尽，紧接着快速吸气。

※ **利用浮板浮体练习有节奏地换气：** 手持浮板两臂伸直，先把面部浸在水里体会一下；感到呼吸困难时，一下子把气呼完，嘴露出水面吸气。反复练习。

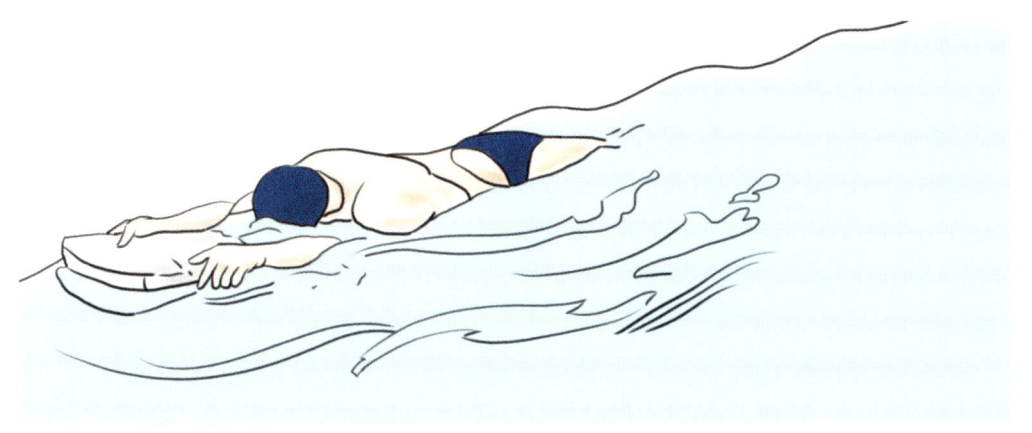

◎ 浮体与站立练习

浮体练习的目的是体会水的浮力，初步掌握在水中控制身体平衡的方法，进一步消除怕水心理，增强学会游泳的信心。

要使身体漂浮起来，首先是要吸足气，并保持屏息与放松。做浮体动作使人体像一个充满气的皮球浮在水面上，如果吸气不足、胸腔没有充分扩张，以及在浮体的过程中把气呼出或是身体紧张肌肉僵硬，都无法使人体的平均密度变小，此时漂浮就有难度。

练习方法

※ 双手与肩同宽,扶着池壁,吸足气,然后闭气把面部浸入水中,两脚轻轻蹬池底,身体成俯卧姿势,两臂伸直,两肩沉入水中,两腿伸直并拢,全身放松,身体就会自然上浮。

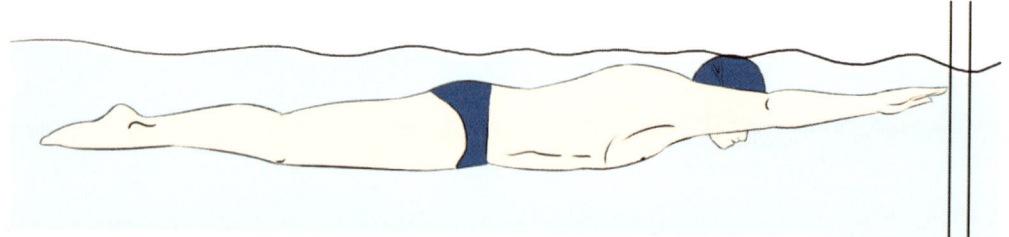

※ 再学习由浮体换成站立的方法。将双膝尽量靠近胸部,双掌向下压水,抬起头部,就会自然站立起来。刚开始练习时不要慌张,注意慢慢收腿,同时向下伸,脚掌踩到池底后站立。

教练提醒 在还原成站立的过程中,动作要缓慢,不要快、猛。练习过程中,可慢慢脱离池壁,直接深呼吸后于水面上成俯卧姿势,身体自然浮起,全身放松,腿脚轻轻伸直。

◎ 水中滑行

滑行训练是熟悉水性阶段的重点内容。滑行练习能使初学者体会和掌握游泳时身体的水平位置与流线型姿势,提高其在水中控制身体的能力,为以后学习各种泳式打好基础。水中滑行也是一项重要的游泳技巧,即使是奥运会游泳冠军或世界锦标赛冠军,他们在游泳时也会时常保持滑行的状态,在水中有效地滑行会使他们游得更快。

练习方法

※ 蹬壁滑行:背对池壁,双脚并拢,两臂并拢前伸。深吸气后低头部,上体前倾,在水中成俯卧姿势,头部夹在两臂间。同时,双腿轻蹬池底向上屈膝收腿,迅速将两脚掌贴在池壁接近水面处,臀部提高至水面,随即两脚用力蹬壁,使身体呈流线型向前滑行。

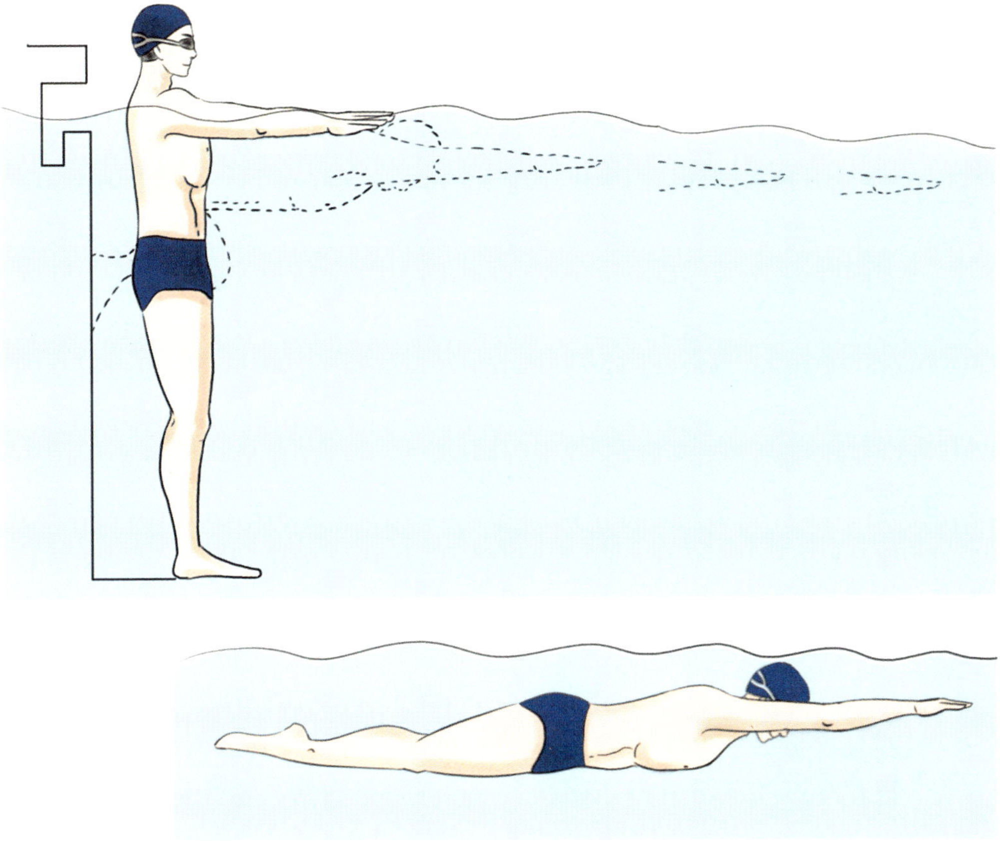

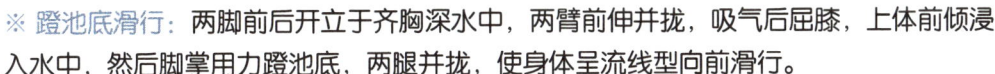

※ 蹬池底滑行：两脚前后开立于齐胸深水中，两臂前伸并拢，吸气后屈膝，上体前倾浸入水中，然后脚掌用力蹬池底，两腿并拢，使身体呈流线型向前滑行。

※ 仰面滑行：抓住泳池边沿，双脚紧紧顶住泳池侧壁，使双膝与双肩刚好位于水面下方。身体向后倾斜的同时松开双手，双脚用力蹬离泳池侧壁，使身体呈流线型向前滑行。注意后脑勺应该留在水中，双手放于身体两侧。

> **教练提醒** 滑行应力求熟练，做到既滑得远，又滑得稳。滑行中，要注意腰、腹部肌肉适度紧张，保持良好的流线型身体姿势，以减小滑行时的阻力。注意不要过分抬头或低头，不要屈腰、屈膝或勾脚尖。滑行时，要尽量延长闭气时间，努力拉长滑行距离。

打水练习 Footwork Exercises

打水是游泳最基本也最简单易学的技术，必须认真练习。需要注意的是，打水一开始就要掌握正确的方法，否则形成痼习动作后很难改正。

◎ 坐着打水

坐在泳池边沿，两手置于体后支撑身体，挺胸，两脚略向内旋，将脚踝和膝盖自然伸直，保持柔软有弹性，然后用大腿带动小腿直腿打水。此时，脚尖要溅起水花。累了休息一下，反复练习数次。如果水向脚尖前方流动，说明打水动作正确，效果好。

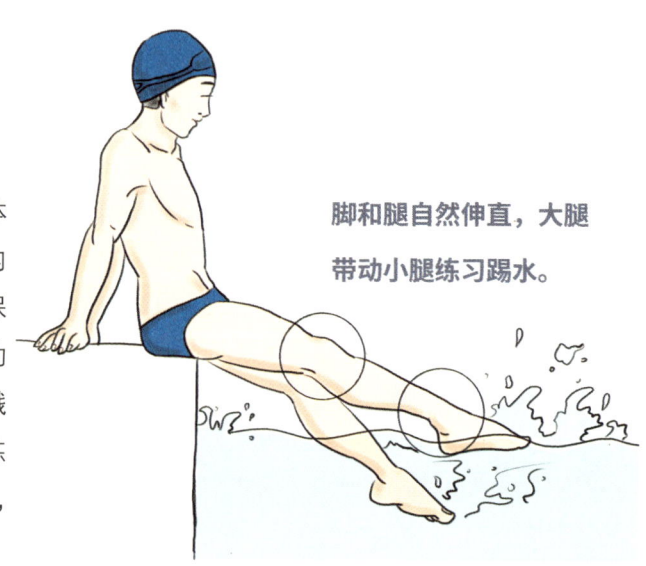

脚和腿自然伸直，大腿带动小腿练习踢水。

◎ 扶池壁打水

跳入水中后,将两肘张开趴在池台上,下颌置于两手之上,做打水练习。身体水平地俯卧水中,保持较好的流线型姿势。在打水前,注意腰部肌肉要保持适度的紧张,因为最后身体要笔直向前滑行,所以身体中心线不要摆动。脚尖伸直,脚掌内收,脚如扇风一样"扇动",制造出水的流动。打水时用大腿发力,带动小腿和脚,注意膝关节不要过分弯曲,从大腿到脚形成一个柔韧地上下打腿的鞭状动作。也可将面部浸在水里,身体水平地俯卧水中练习打水。不能柔韧地上下打水的人,可以请同伴帮忙,把腿抬起,然后伸直,有节奏地练习打水。

◎ 俯卧水中打水

扶池壁打水练习熟练后,就可以利用浮板开始练习水平地俯卧水中打水了。双手抓住浮板前端,双臂放在浮板上,下颌位于浮板前,漂浮于水中,保持体姿,双脚交替上下打水,同时展体向前滑行。打水时,注意腰不要下沉,水平地俯卧水中,如果过分地依赖浮板的浮力,上体露出水面,下半身就会自然下沉。因此,保持身体水平地俯卧水面并呈流线型非常重要。

这里的打水训练与前面的训练有很大不同,可以让你很真实地感受到推进力。如果姿势不正确,技术也不好,受到水的阻力就大,前进速度就慢;如果踝关节不灵活、不柔韧,可能会出现你用力打水却不能让身体前进的情况。另外,如果太怕水,上身露出水面太多,也得不到适当的推进力。

这个打水练习逐渐熟练后,如果可以慢慢地脱离浮板在水中漂浮滑行了,那就意味着,学会游泳已经离你很近了。

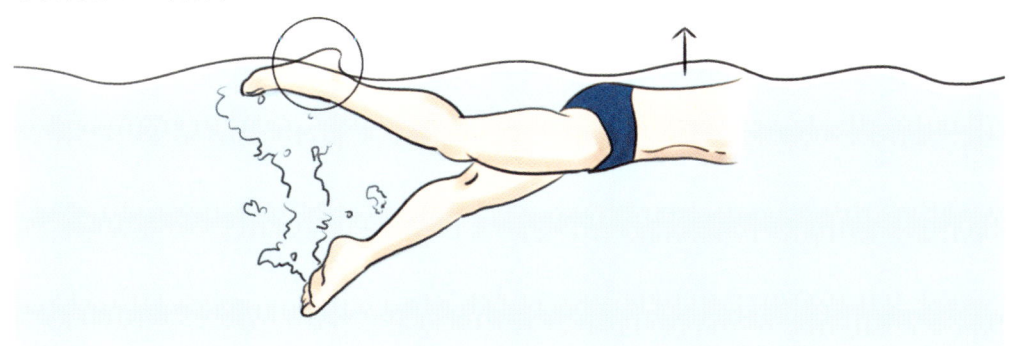

Standard (Competition) Techniques of Swimming

第二章

标准竞技游泳技术

本章内容对四种竞技游泳姿势的身体技术动作进行了全面的分析，完整地阐述了四种竞技游泳姿势的出发、转身，以及提速技术，从各个基本环节到完整配合都进行了全面翔实的论述，为学习游泳技术提供科学的理论指导。

竞技游泳比赛项目 Competition Events of Swimming

竞技游泳是以游进速度论胜负的游泳比赛的统称，包括自由泳、仰泳、蛙泳、蝶泳、混合泳和集体接力等项目。它对各泳式和项目的出发、转体、动作姿势，及场地设备均有具体要求，一般包含以下竞赛项目：

项目 \ 距离	50米池	25米池（短池）
自由泳	50米、100米、200米、400米、800米（女）、1500米（男）	50米、100米、200米、400米、800米（女）、1500米（男）
仰 泳	50米、100米、200米	50米、100米、200米
蛙 泳	50米、100米、200米	50米、100米、200米
蝶 泳	50米、100米、200米	50米、100米、200米
个人混合泳	200米、400米	200米、400米
自由泳接力	4×100米、4×200米（男）	4×50米、4×100米、4×200米（男）
混合泳接力	4×100米	4×50米、4×100米
备 注	\multicolumn{2}{l}{1. 除特殊标记外，男、女比赛项目相同。 2. 个人混合泳姿势顺序为蝶泳、仰泳、蛙泳、自由泳。 3. 男、女混合泳接力的游泳姿势顺序为仰泳、蛙泳、蝶泳、自由泳。 4. 混合泳中，自由泳是指除仰泳、蝶泳、蛙泳以外的任何姿势。}	

专业技术用语 Glossaries

术语是技术的专业用语,是评定技术的标准语言。了解和掌握游泳的专业术语,有利于在学习、训练中进行比较和评价,从而科学地提高技术水平。

◎ 动作周期

动作周期是指一次完整的臂腿配合所做动作所需要的时间,也可指做一次臂或一次腿完整动作所需要的时间。不断重复一个动作周期的运动称为"周期性运动",游泳便属于周期性运动项目。

◎ 动作频率

动作频率是指单位时间内所完成的动作周期次数,也可选择将划水、打腿或蹬腿动作的次数作为单个动作的频率,常用"次/分"表示。计算公式为:

动作频率=动作次数/所用时间(除出发和转身时间)

在游泳训练中,为了测量某游距段的频率或推测全程的动作频率,也有采用5次动作(自由泳和仰游以单臂计算)的时间表示动作频率。

动作频率=5次动作/5个完整动作的时间(秒)

◎ 动作节奏

动作节奏是指游泳时每一个动作周期内各技术组成部分的动作速度与时间的比例关系。它是评定技术的重要指标,是个人技术风格的具体体现。

◎ 动作次数

动作次数是指游完一定的距离所用的动作周期次数,也称为"划水动作次数"。一定的划水次数反映了划水的效果,与划水距离直接相关。如50米用了20个动作周期,实质上也反映了每一次划水身体位移的距离(划步、划距)约为2.5米。

◎ 出发时间

出发时间指的是出发信号发出后,运动员出发到达 15 米(或 10 米)处所用的时间,包括出发反应时间、出发动作时间、腾空时间和水下滑行时间。它是游泳比赛成绩的组成部分,是比赛全程技术的重要环节,其重要程度与比赛距离成反比,即距离越短出发越重要,距离越长其重要性越降低。出发时间也是评定运动员比赛技术的重要指标之一。

◎ 转身时间

转身时间是指运动员从转身前 7.5 米(或 5 米)到转身后 7.5 米(或 5 米)处所用的时间,包括游近池壁和转身后滑行的时间。转身时间同样是评定运动员比赛技术的重要指标,也是比赛全程技术的重要环节之一。转身时间对短池比赛和中长距离项目比赛成绩影响较大。

游泳技术的关键要素

游泳技术最根本的问题是减小阻力和增大推进力,因此,合理的游泳技术就必须按照游泳比赛规则的要求,利用流体力学原理和生理解剖学的知识,提高游泳效率和游进速度。

◎ 流线型的身体姿势

躯干是形成游进阻力的最主要部位,不同的身体姿势的阻力值不同。游进时保持高而平的流线型身体姿势,可以最大限度地减小阻力。

◎ 协调而有节奏的动作

不同的泳式,其动作周期内的速度有各自的规律,在一定程度上也体现了运动员个人的技术风格。合理的动作节奏可节省体能的消耗,通过调节大脑兴奋程度还可使肌肉收缩与放松活动更加协调,并获得较好的动作附加效果。

◎ 屈臂高肘划水

手臂划水是游泳时推进力的主要来源。在划水过程中,手掌的位置和姿势最为重要,因为掌形会影响划水效果。研究表明,手指自然并拢或稍分开的掌形所受的阻力是最小的。

屈臂高肘划水技术是目前游泳界公认最好的划水技术。屈臂高肘的动作中,前臂内旋和"肘关节前顶"动作对手臂形成高肘姿势尤为重要。屈臂高肘划水不仅增加了手臂划水的挡水面,牵引更多的肩带肌群参与划水,延长了有效划水路线,提高划水动量;更重要的是在整个划水过程中,手臂各部位的协调运动使各部位运动速度依次达到最大,能够相应地降低手臂划水过程中的负荷,从而更省力、更快速。

◎ 曲线划水

曲线划水是现代游泳技术的特点之一。在水下的推进力阶段，优秀运动员多采用沿对角线方向划水，并以 50°~70° 的攻角保持手臂向后的最大对水面，使推进的效力达到最大化。从整个划水周期看，划水路线的变化应满足两个条件：一是在划水过程中，通过手臂改变划水方向支撑住更多的水，并将其向后推，获得最大的"流体反作用力"；二是必须避免使获得的"流体反作用力"所产生的有效力明显偏离游进方向。

◎ 加速划水

从阻力与速度的平方成正比关系来看，划水应该是加速进行才有利于增大推进力，但实际划水过程中，手臂划水并不是逐渐加速，这主要是受划水方向和攻角变化的影响。由于手臂划水路线呈三维曲线，所以在实际测量中，游泳运动员手掌划动是有节奏地加速、减速，最后阶段划水速度最快，所以划水速度从整个划水过程看是呈加速趋势。划水速度快慢与身体游进速度快慢的关系十分密切，划水速度快慢应建立在有效推进力的基础上。如果划水速度快慢与身体游进速度的快慢不成规律地变化，说明划水效果不好，划水速度也就没有实际意义。缩小划水速度与身体游进速度的差距，其根本的途径是不断改进技术，提高效率。

◎ 适宜的划频与划步

游速取决于划频和划步（即每一次划水产生的位移距离）。从理论上分析，过高的划频不仅会导致划步的损失，且易使肌肉产生疲劳；而低划频高划步的比率，又会使手臂在每次划水中不得不过度用力而降低工作效率。对运动员来说，应寻求两者的最优比率。运动员可以通过训练，并根据个体神经系统和肌纤维的组成特征，建立适合自己且相对稳定的划水频率，为不断提高划步奠定基础。而划步的提高依赖于技术、体能和个体的"水感"。因此，每位运动员都有自己最合适的动作频率，而这恰恰是建立在自己最有效的划水效果基础之上的。

自由泳技术 Freestyle Swimming

无论在哪里的游泳池，看到最多的就是自由泳了。自由泳俗称"爬泳"，是最易学习也最受人喜爱的一种游泳姿势。在所有的游泳项目中，自由泳的速度是最快的，因此它被誉为"水上快艇"。如果要欣赏速度，自由泳是最适合不过了。1896年的第一届奥运会正式将其列为比赛项目。

自由泳中的踢腿，在一个划水动作中有6次击水、4次击水、2次击水三种。其中最能出速度的是6次击水。6次击水适合短距离，4次击水、2次击水适合长距离。弱度击水会使身体下沉；比较轻但力度很大的击水会使身体上浮，并且使划水动作很顺畅。

◎ 身体姿势

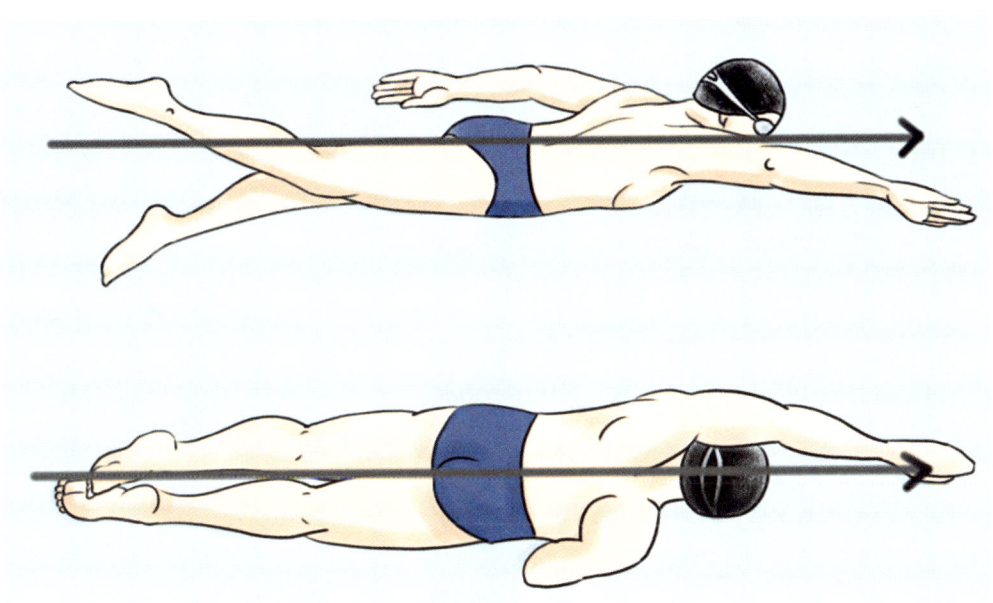

游自由泳时，身体俯卧于水中，双眼斜视前方2～3米的距离，身体与水面成水平流线型，躯干成一条直线，背要伸展，身体尽量位于水面较高的位置，以减少水的阻力。

游进时,身体所有部分都好像处于一个假想的通道内,这个通道略宽于两肩,做手臂、双腿和呼吸等动作时,都在这条通道内完成。吸气围绕身体的中轴转动,不能有明显的侧向摆动。对于初学者来说,游进时的姿势很容易受背部肌力、腹肌力、踢腿、头部定位、呼吸动作等因素的影响。如果呼吸、身体扭动脱离中心线,身体摆动阻力会更大。

◎ 踢腿打水动作

自由泳腿部打水动作的主要作用是维持身体平衡,保持身体的水平位置,配合两臂的划水,同时也产生部分推进力。踢腿的动作是以髋关节为轴,由髋部发力、大腿带动小腿和脚做上下交替的鞭状打水动作。打水时,两脚稍内扣,踝关节自然放松。

自由泳踢腿动作可分为向上踢腿和向下踢腿,两腿的打水动作是相对的,一脚处在最高点准备下踢时,另一脚处在最低点准备上踢,两脚间的距离为 30 ~ 40 厘米。

向下打水

伸展脚踝,小腿到脚尖连成一个整体,就像鞭子一样向下击水。向下打水时,首先是大腿向下打水,此时膝关节仍然放松,小腿和脚还未完成向下打水的动作,随着小腿和脚加速向下鞭打,膝关节完全伸直,这样才完成一次向下打水动作。注意从上到下交叉打水,脚背自然伸直,腿部肌肉和踝关节保持适度放松。

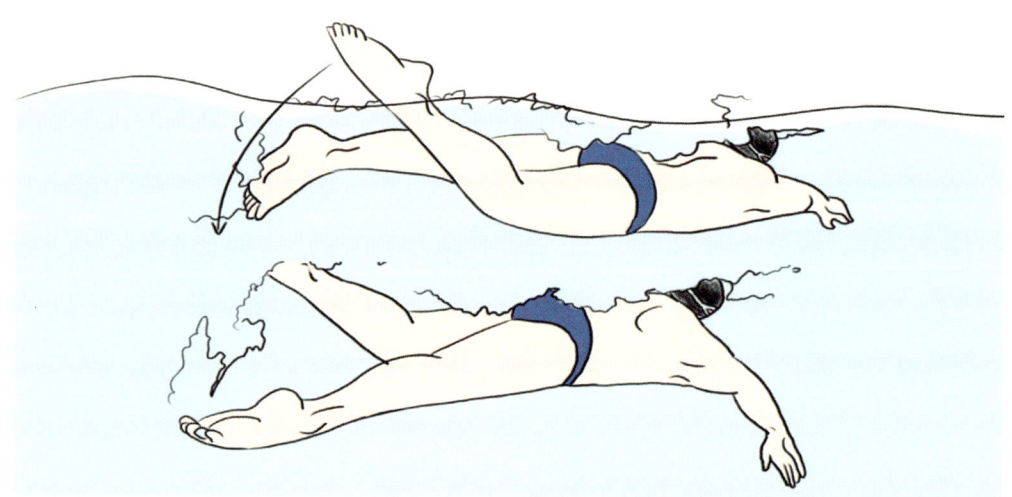

向上打水

向上打水时，向下击水的脚仍然保持伸展状态。放松小腿和脚踝，用大腿带动小腿上摆。当腿摆至与水面基本平行时，大腿停止上移，转入向下压水，小腿和脚由于惯性作用继续向上摆动，使膝关节处于弯曲状态，屈膝角度为140°～160°此时，脚达到了最高点，接近水面或略露出水面，但不能高出水面太多，不然容易失去部分浮力，并使脚在向下打水初期只能打到空气，得不到水的反作用力，而且会搅起大量的气泡，从而降低向下打水的效果。由于膝关节的弯曲，上打结束时，小腿前侧和脚背向着后下方形成良好的对水截面，可以为下一次向下打水做好准备。

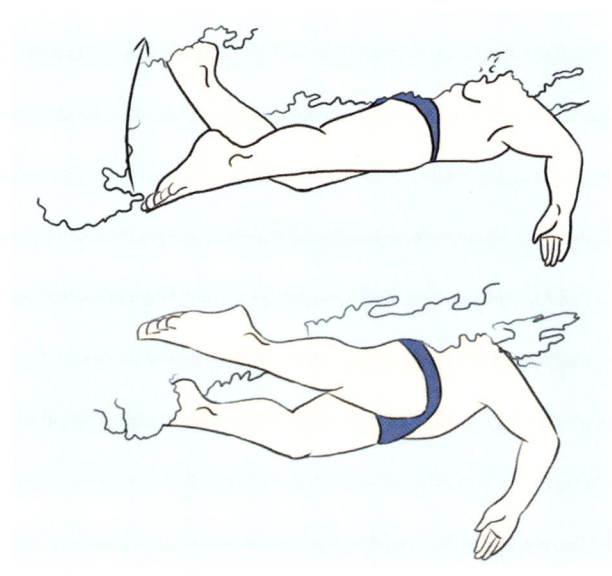

> **教练提醒**　　向下打水产生的推进力较多，动作应较为有力，速度较向上打水快；向上打水产生推进力很小，动作应相对放松。打水技术高低取决于踝关节的柔韧性和腿部肌肉的力量，良好的自由泳打水技术，应能使腿部各关节构成一个类似链状的结构，形成鞭状的打水动作，保持身体平衡。

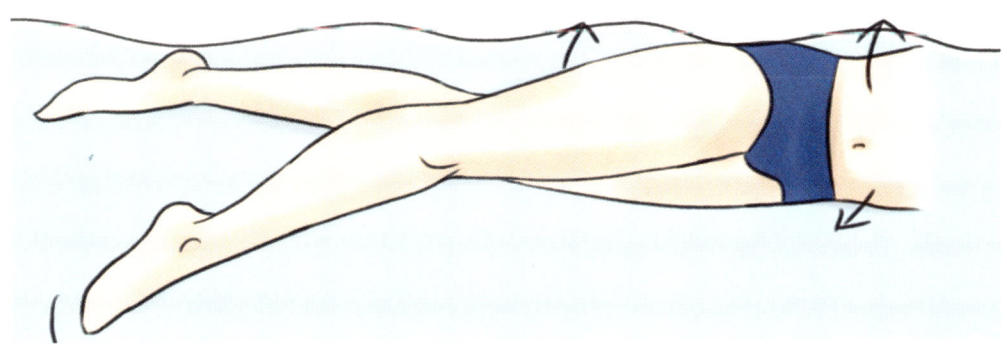

◎臂部动作

两臂交替向后划水是推动身体前进的主要动力。按照整套动作的顺序，我们将自由泳的臂部动作分解为入水、划水、出水，以及空中移臂四个部分。在一个划臂动作周期中，划水阶段会产生推进身体前进的力，而入水、出水和空中移臂是不产生推进力的，但每一动作环节都是紧密相连、不可分割的。

入水

一臂于前入水时，肘关节略屈并高于手，手指自然并拢伸直，掌心朝下，约与水面平行，手臂向肩前方伸展。入水点在肩的延长线上或在身体中线和肩延长线之间，入水点过宽或过窄都不好，过宽不利于形成下划的刨水动作，过窄会破坏身体的流线型。入水动作是不产生推进力的，动作要圆润，尽量减小阻力。

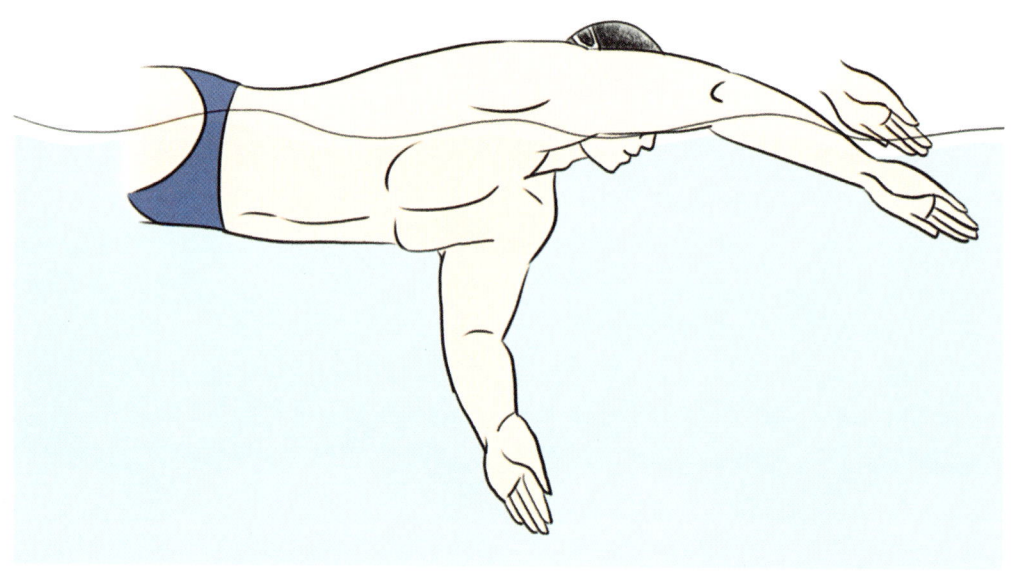

划水

划水是自由泳最重要的技术之一，是获得推进力的主要动作，也是决定自由泳速度快慢的关键。学习自由泳一定要加强划水技术的练习。自由泳的划水有向下划水、向里划水、向上划水三种方式。

● 向下划水

向下划水简称"下划",也称为"刨水动作"或"抓水动作",是手臂形成的一个有效应对水面的动作过程。手臂入水后,沿水面继续向前下方伸展20～30厘米(就像压水一样),使手臂接近完全伸直。然后上臂保持不动,前臂稍外旋,逐渐屈腕、屈肘,使肘高于手。手臂向后运动时,向下、向外不断压水,手掌稍向外、向后,形成刨水动作。

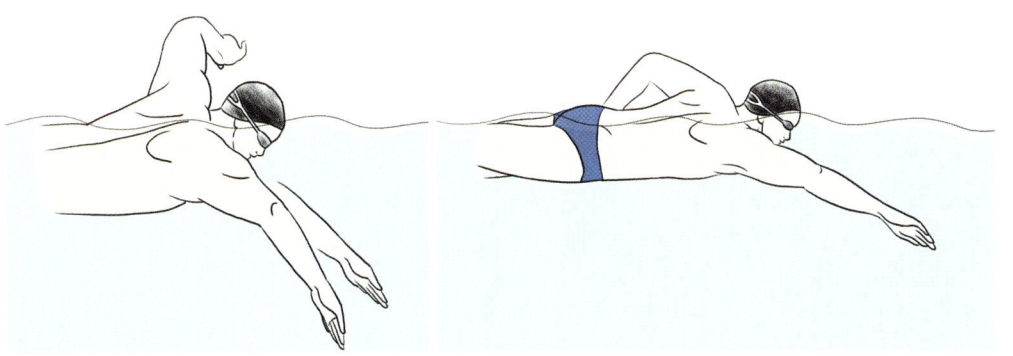

 向下划水是手臂寻找发力点的动作,通过下划使手臂形成高肘的姿势,以较大的截面向后对准水,做好加速划水的准备。如果手臂后方没有感到十足的水压就开始向下方划水,会破坏后续划水的推进效果,因此,不要急于过早向下划水。

● 向里划水

向里划水也叫"向内划水"或"拉水",简称"内划"。拉水开始时,手稍稍向内侧,肘关节弯曲的程度逐渐加大,手臂保持高肘姿势,加速向后、向内划。当臂划至肩下方时,手在身体的下方靠近身体中线,手臂与水平面垂直,手掌向后,肘向外,屈肘成90°～120°当手臂划过肩的垂直面,划水转入上划阶段。

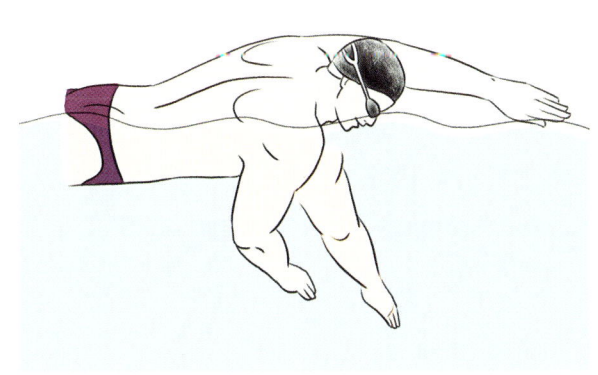

● **向上划水**

向上划水简称"上划",也称"推水"。上划时行进速度可以大幅度加快,要以最快速度划水。这个步骤应尽量使前臂和手以最大面积向后对准水,手臂一边沿向后、向上和向外的运动方向推水,一边逐渐伸肘、伸腕。当手臂向后推水至大腿旁时,上划结束。在向上划水过程中,手掌不能偏向上,否则,腰会下沉或减慢速度。

教练提醒　在整个划水过程中,身体会围绕纵轴稍作滚动,所以手掌对水的方向不是自始至终向后的,而是经历向外、向下、向内、向上的三维动作,移动路线类似于"S"形,速度由慢到快,有明显的加速划水动作。还要注意的是,整个划水过程中间不能停顿,必须连贯且加速地完成。为使划水的推进力能更好地推动身体前进,划臂应尽量在身体的投影截面内进行。

出水

上划(推水)结束应紧接着准备做出水的动作,注意改变手掌的位置,掌心朝后,手臂推直出水。出水的顺序依次是肩、肘、前臂、手,就像从口袋中抽出手的感觉一样。手臂的出水动作应快速连贯,手和前臂尽量放松。

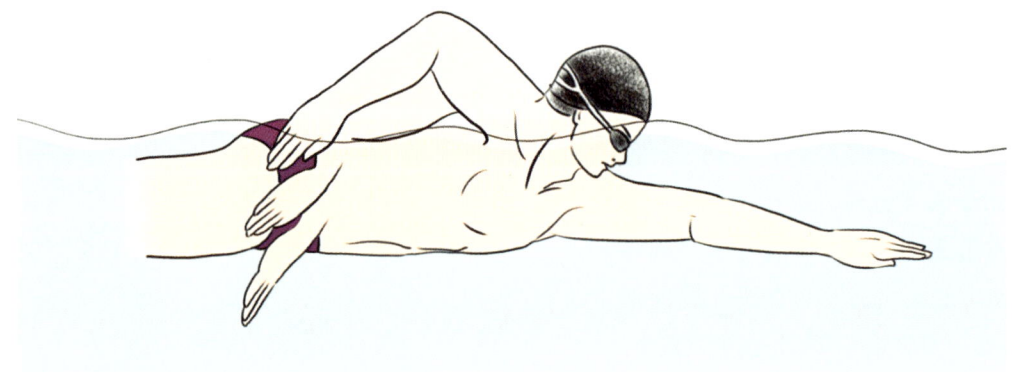

> 空中移臂

空中移臂是出水动作的继续，与前面的动作之间是没有停顿的。保持手腕放松，肘关节微屈，随着肩关节向前旋动，由上臂带动前臂和手腕向前上方摆动，沿着身体的中心线返回到开始时的状态。

移臂时手臂要自然放松，保持肘高于手的高肘移臂姿势，身体适当转动，以利动作的完成。

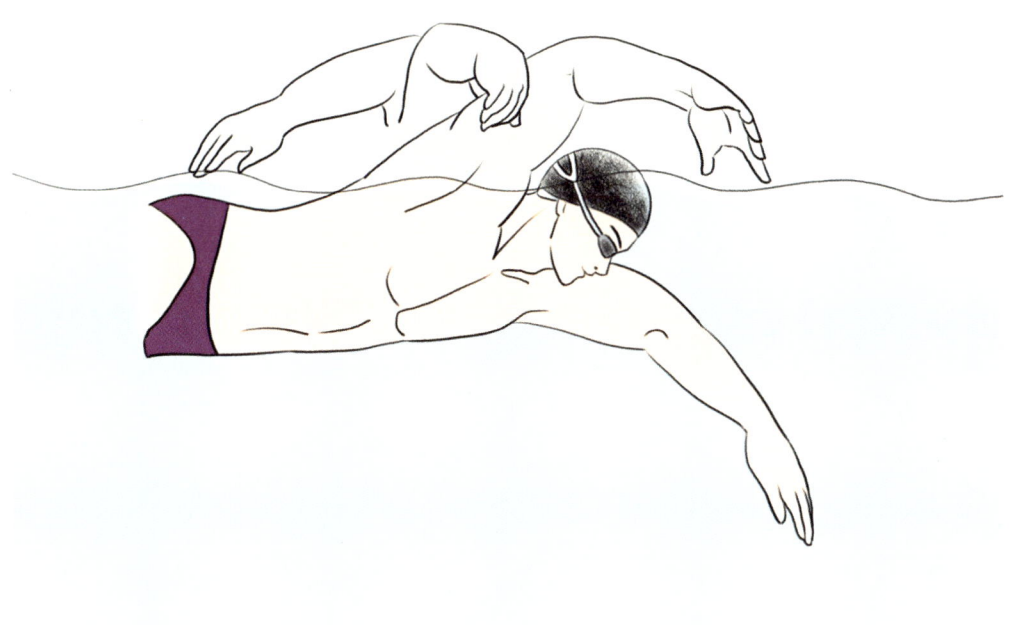

◎ 呼吸与臂的协调配合

在自由泳的游进中，正确的呼吸动作和恰当的呼吸时机，可以保证机体对氧的需求，有助于充分发挥肌肉力量。自由泳主要是通过上体绕身体纵轴转动和头部的侧转共同完成的。游自由泳时，呼吸动作应有节奏地进行，一般是两臂各划一次，呼吸一次。呼吸在左右两侧进行都可以，但大部分选手习惯右侧。本书以右侧呼吸为例：右手入水后，口部或口鼻部开始慢慢地呼气，当臂内划结束时，身体绕纵轴向右侧转动，头部也随之开始向右转动,呼气量增加;当右臂出水时,口部露出水面,张口用嘴吸气;待右臂移至接近肩平线时吸气结束,闭气,头部开始复原;到右手入水时,头部已转回正常位置并保持稳定,开始下一次呼吸过程。

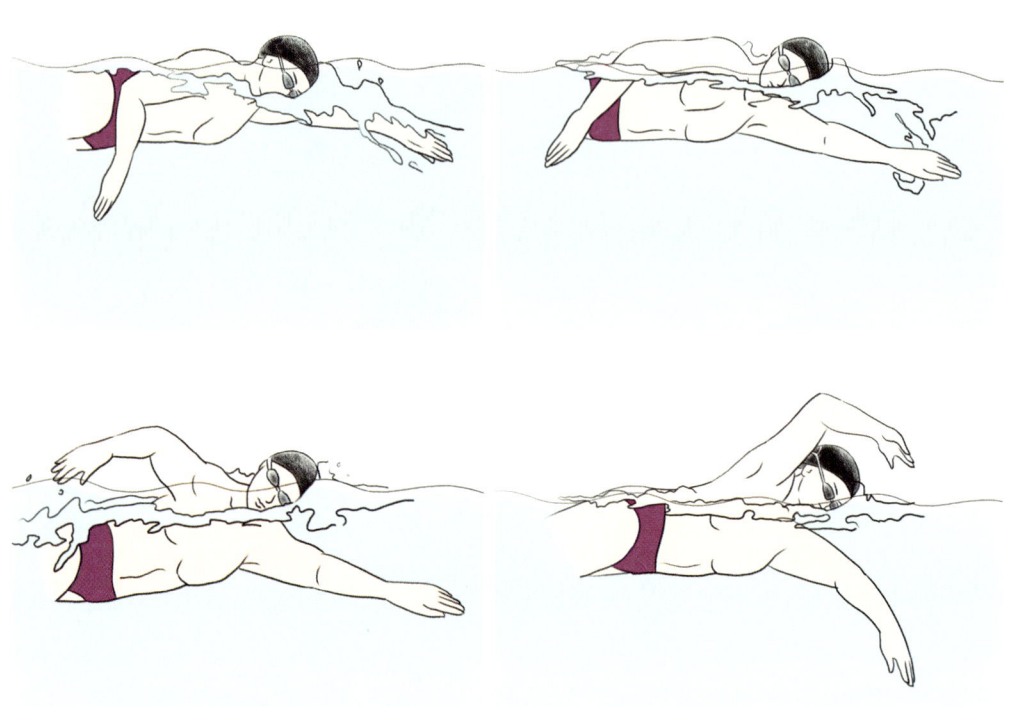

◎ 完整配合

完整配合是指在一个动作周期中划臂、打水和呼吸的配合比例。自由泳有多种躯体动作的配合,其中6∶2配合是较常见的一种,即6次打腿、2次划水。这种配合技术能充分发挥打腿的作用,动作连贯协调,便于保持良好的身体姿势。此外,还有4∶2和2∶2等多种配合形式。采用4∶2或2∶2的配合技术时,不需要用较大力量打腿就能使腿浮起成水平姿势,可节省能量。不管采用何种自由泳配合形式,最根本的要求都是全身各个部分的动作要轻松自然并且协调一致,整体效果才好。

◎ 常见错误及纠正

弯着手腕入水

入水时手腕不能弯曲,如果是弯着手腕入水,手背会把水推向前方,从而减慢游进速度。应该伸直手腕,从拇指到手掌再到手腕向前方划入。

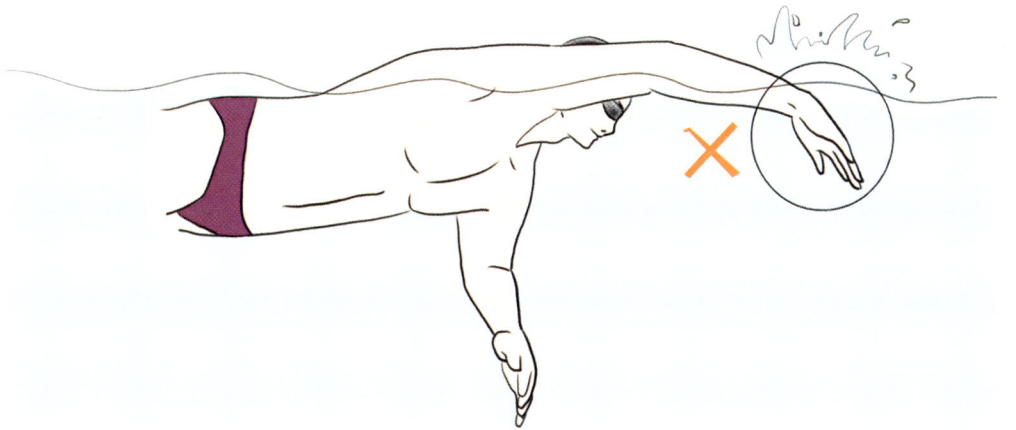

在靠近头部的位置入水

在靠近头部并且与水面呈锐角入水是由于太急于划水。在这一位置入水将会使手臂在后半部分做动作时不能伸直,导致不能很好地为下一个划水动作做准备,从而无法提高速度。

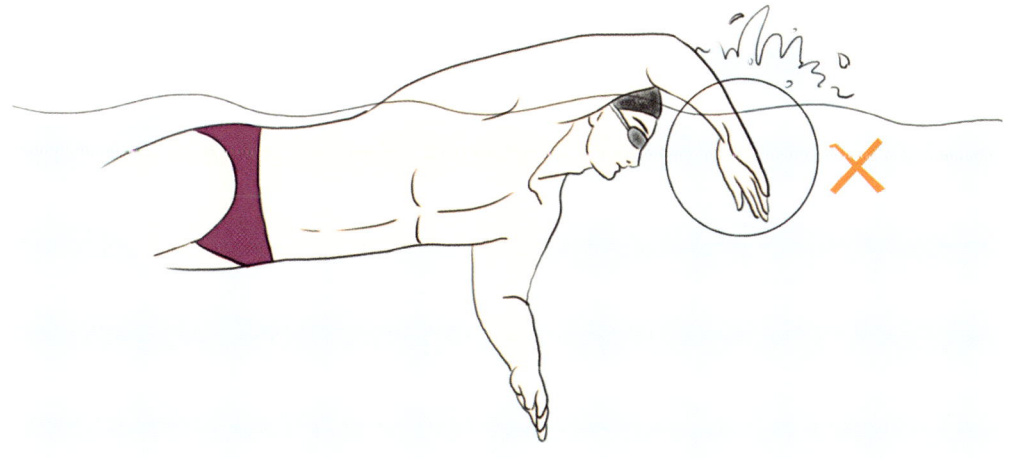

入水超过中心线

手臂入水如果在身体的中心线靠内侧,则会使腰、脚从中心线脱离外偏,令水的阻力增加,从而影响游进速度。因此应在肩部的延长线上入水,以中心线为轴使身体左右摇摆,阻力最小。

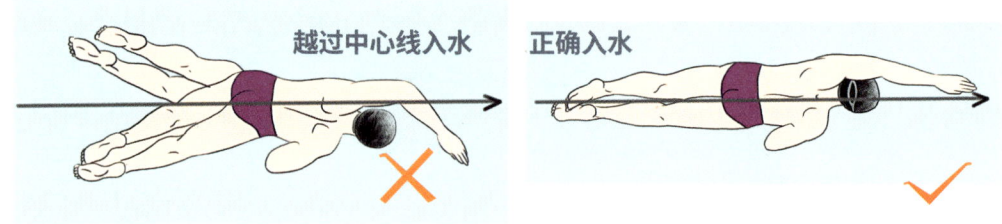

肘部垂落刨水

肘部垂落通常是因为急于划水而用力过度或紧张引起的。如果肘部垂到比手还低的位置进行刨水或结束动作,不仅不能保持水平姿势,还会产生较大阻力,影响前进速度。

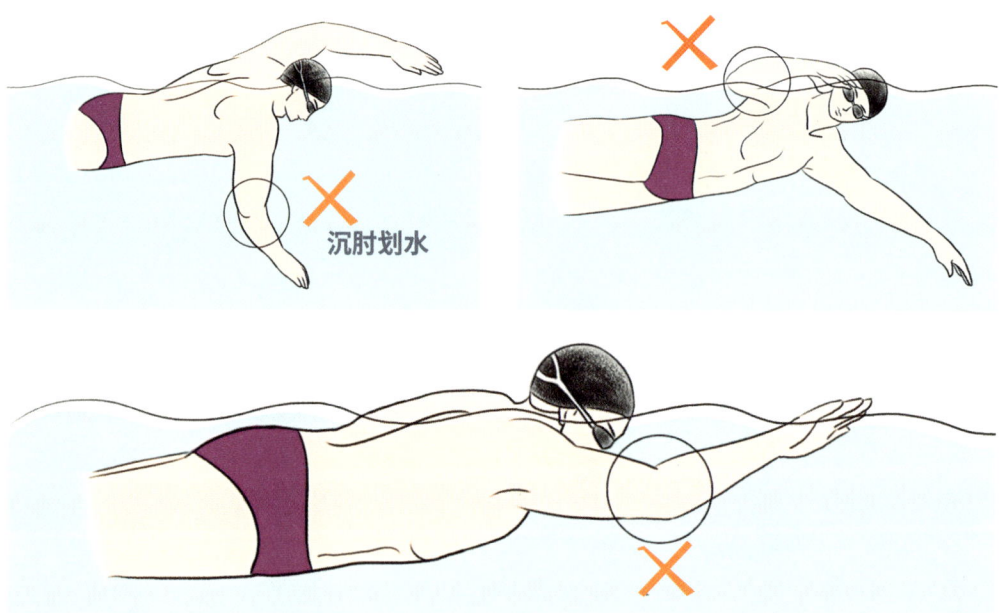

踢腿过深

在脚下垂的状态下踢腿,就会因头部、肩部过高而破坏整体的流线型。而且会增大阻力面，浪费本该用于提高速度的力量。

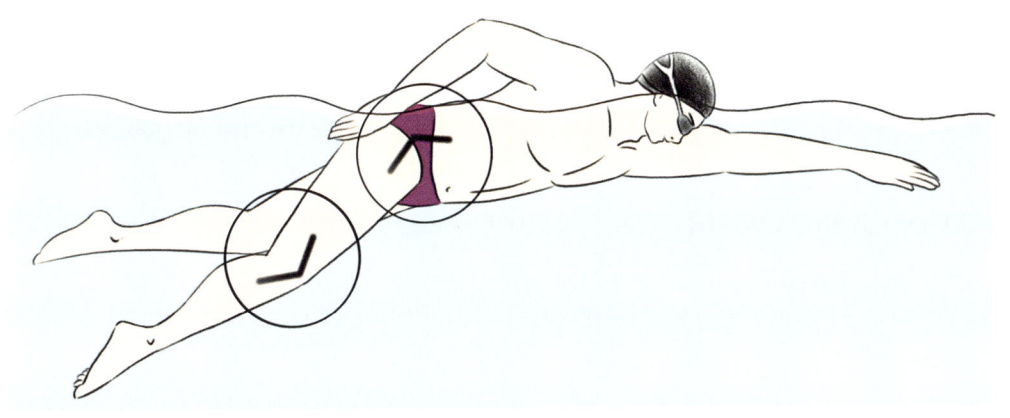

面部向上呼吸

呼吸时，如果面部抬出水面或向后会产生较大阻力。呼吸时应把面部调整到口边靠近水面的地方进行，要有用额头切水的游泳意识。

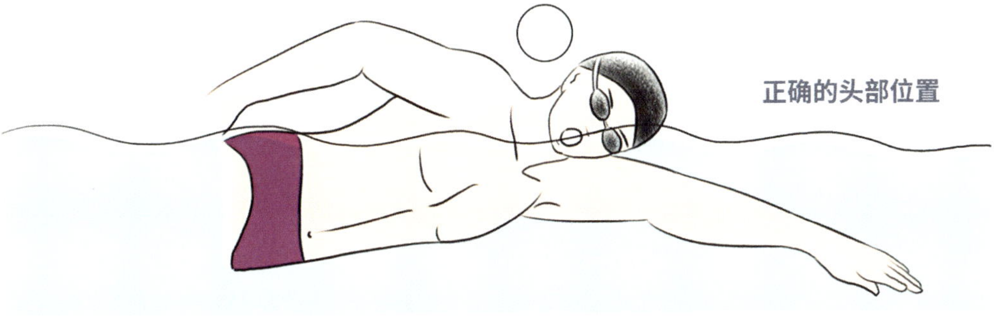

正确的头部位置

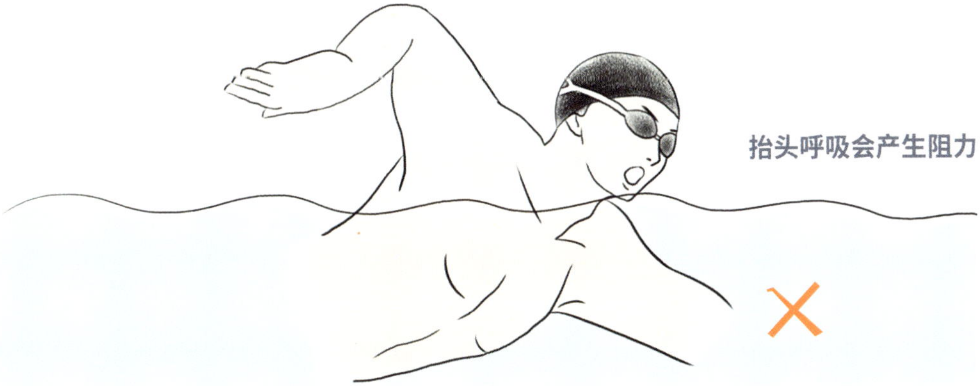

抬头呼吸会产生阻力

> **知识链接**

游泳与身体健康

　　身体健康是人们从事各项活动的基础，游泳是强身健体的重要运动方式之一。它是一项全身性的运动，对改善人体各器官系统机能、提高身体素质、增强抵抗能力和健身塑形等方面都具有显著的作用，是一项老少皆宜的健身运动。

改善人体各器官系统机能

　　由于游泳的运动量较大，加上水温一般低于体温，在进行游泳运动时，人体的新陈代谢会比较旺盛。这种旺盛的新陈代谢活动可以促进身体各器官系统的协调配合，使其功能得到不同程度的锻炼和提高。

强化神经系统、身体器官功能

　　游泳时，人体受到水的压力、浮力、摩擦力和阻力等物理作用，这些力可以对身体各部位穴位起到很好的按摩作用，使大脑皮质的兴奋和抑制更加集中，从而使神经系统的功能得到强化。经常游泳在一定程度上对改善神经衰弱和失眠症有较好的疗效。

　　此外，在完成整个游泳运动的过程中，为了克服水中的阻力，在水中灵活地掌控好自己的身体，必须充分调动身体各器官进行密切配合，也能使身体各器官功能得到锻炼和增强。

提高心血管系统机能

借助于水的浮力,游泳运动成为人体唯一一项以水平姿势进行运动的项目。人体平卧于水中时,血液处于水平横向流动的状态,在水压的作用下,血液循环变得更加顺畅。回流的血量增加,心脏的容积也相应增加。几乎所有肌肉群的参与,使运动量加大,心脏的负荷也相应增加,从而促使心肌及血管壁增厚、弹性加大、每搏输出量增多,心血管系统功能得到强化。

游泳时会受到冷水的刺激,这种刺激能促使毛细血管急剧收缩,从而促进血管末梢的血液回流到心脏。新鲜血液不断地流向全身,有利于血液的良性循环,从而有效地防止血管老化。

改善呼吸系统功能

游泳时,人的胸腔和腹部都会受到水的压力,这使得人在游泳换气时,还必须克服水的压力。为了获得充足的氧气,呼吸肌必须承受水对胸廓的压力,增加运动的负荷进行深度呼吸。在这样的锻炼下,呼吸肌逐渐变得发达和强壮,使呼吸机能得到改善。

游泳运动受到水环境的制约,不仅呼吸次数要远少于陆上运动,而且还需要与技术动作保持协调配合。因此要获得足够的氧气,只能加大呼吸的深度,长期锻炼可以明显增大肺活量,提高肺功能,从而使人保持充沛的精力。

增强消化系统机能

游泳时,人体会消耗大量的热量。为了保证体温的平衡,人体需要加倍地分解体内储备的能量,这就有利于促进消化器官的加倍消化。而且在游泳转身、蹬壁游等躯干肌群扭动和收缩过程中,水体对肠胃等内脏器官可以起到直接的按摩作用,从而促进消化系统功能的改善。

改善运动系统机能

水的密度远大于空气的密度,所以游泳运动中需要克服的阻力远大于空气中的阻力,这能够提升肌肉收缩力。而且长期坚持游泳锻炼,肌肉的力量、速度、耐力和关节灵活性都可以得到有效的提升,有利于人体运动系统机能的改善。

提高身体素质

身体素质包括速度、力量、耐力、柔韧性和灵敏性等多个方面,游泳无疑是有利于提高这些综合素质的"全面运动"之一。在水中,人不需要克服自身的重力就可以完成各种游泳动作,这种运动强度可灵活调节的运动方式,受到不同人群的广泛喜爱,被称为十分有益的"快乐运动"。

速度素质

速度素质是指人体进行快速运动的能力或用最短时间完成某种运动的能力,可以分为反应速度、动作速度和周期性运动的位移速度三种形式。游泳是非常典型的速度力量型运动,对三种不同类型的速度形式都有所锻炼。比如,游泳比赛中的出发技术,锻炼的是练习者的反应速度;游泳运动中肢体动作的紧密配合,锻炼的是动作速度;而游泳本身所具有的周期性运动特征,提高的正是周期性运动的位移速度。

力量素质

力量素质主要指的是力气的大小,它与人体肌肉发育状况紧密相关。游泳是全身性的运动项目,人体几乎所有的肌肉都参与其中。例如,在克服水压进行深度呼吸时,呼吸肌和心肌等内脏肌肉可以得到有效锻炼;在划臂向前产生巨大推动力的过程中,胸大肌、三角肌、肱三头肌和上半身的背部肌肉群等锻炼明显;在克服水的阻力划臂蹬腿游进中,几乎所有的肌肉群都能得到锻炼。肌纤维由此变粗,肌肉变得发达,力量明显增强。

耐力素质

耐力素质与人体的心肺功能成正相关。通常心肺功能越好,耐力素质也越好。前文已述,游泳运动对改善人体的心血管系统机能和呼吸系统功能具有极大的促进作用。长期坚持游泳,科学合理地安排好运动强度和运动时间,循序渐进地改善心肺功能,可以有效地提高人的耐力素质。

柔韧素质

柔韧素质是指人的各个关节活动幅度,以及肌肉、韧带的弹性和伸展能力。它主要包括关节活动的幅度大小,以及跨过关节的韧带、肌腱和肌肉等软组织的弹性和伸展能力。游泳对柔韧素质的锻炼体现在不同的游泳技术里。比如,自由泳除了发展肩关节、踝关节的柔韧性,还可以发展髋关节的柔韧性;仰泳主要发展肩关节及踝关节的柔韧性;蛙泳可以提高膝关节、踝关节的柔韧性;蝶泳对肩关节、踝关节及腰部柔韧性要求较高。

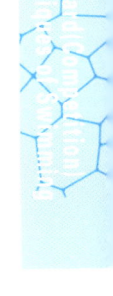

灵敏素质

灵敏素质是指人体在各种复杂条件下,快速、协调、准确、灵活地完成动作的能力。在游向目的地的过程中,身体各器官需要密切协调配合才能准确地做出各种动作,从而使身体向前推进。在快速向前游时,还需要准确判断游进的路线,以免撞上周围的人或物。这样可使身体的柔韧性和灵敏性得到很好的锻炼。

增强抵抗能力

抵抗力是指在中枢神经的控制下，人体各系统密切分工合作，共同抵御外界病毒微生物侵入，以及共同消灭侵入人体有害物质的能力。研究表明，中等强度的游泳运动能够有效地提高人体的免疫力。经常从事游泳运动，可以提高人体的御寒能力，改善人体体温调节系统功能，对抵抗流感等疾病具有明显的作用。

提高耐寒能力

人体的正常体温一般在36℃~37.5℃，而水温一般都低于这个温度。这就决定了游泳时，人体消耗的热量要远高于在陆地上同等强度运动所消耗的热量。研究表明，在12℃水中停留4分钟所消耗的热量，相当于在陆地上1小时所消耗掉的热量。在冷水环境中游泳，身体会散失大量的热量，为了维持人体活动正常所需的温度，身体就必然需要去制造更多的热能，久而久之就提高了人体的耐寒能力。

改善体温调节系统的功能

研究发现，游泳可以直接促进皮肤皮下层组织的新陈代谢，改善人体体温调节系统功能。因为，冷水的反复刺激，会加剧人体血管的收缩和扩张，促进皮肤和黏膜的血液循环。而且经常游泳的人，对不同水温和气温的感知会变得更加灵敏，机体调整以适应不同温度的能力也会得到相应提高，即使在气候多变的季节也不易患伤风感冒。长期锻炼可以增强机体适应外界环境变化的能力，有效增强体质，对身体瘦弱者和患有神经衰弱等慢性疾病的人也具有明显的疗效。

健身塑形

专业游泳运动员一般都有匀称、自然、健美的体形,这与游泳运动的长期训练不无关系。游泳时,为了最大限度地减少水的阻力,身体会尽可能地呈现流线型,这就要求脊柱的充分伸展。脊柱的伸展对矫正和防止职业性脊柱侧弯非常有益,可以纠正躬身、驼背等不良姿势。经常游泳还可以促进骨骼和肌肉的正常发育,使人胸肌丰满发达,从而让人展现匀称的自然美。

减脂美体

游泳是一项需要消耗大量热量的运动。因为水温一般低于大气温度,而水的导热性则大于空气23倍左右,人体在低于体温的水中很容易散失热量。而且游泳是一项激烈的全身运动,在水中快速游动时,身体的热量被大量消耗。这些能量的供应主要靠消耗体内的糖类和脂肪来补充,快速的新陈代谢在消耗能量的同时也可以逐渐去掉体内的脂肪。所以肥胖者长期参加游泳运动,可以达到减肥的目的。

不同的泳姿对减脂的侧重点和效果也不一样。比如自由泳对消除四肢多余的脂肪有效,仰泳对消除腹部多余的赘肉有效,蛙泳对消除大腿内侧的赘肉有效,蝶泳对消除腰部的赘肉有效。但需要注意的是,每次游泳锻炼的时间不宜太长,并要及时补充水分。

塑形健身

根据流体力学理论,速度与阻力成正比,也就是游得越快,受到的阻力也越大,反过来也就需要调动人体更多的肌纤维参与运动。长期进行游泳运动,得到锻炼的肌肉力量会增强,肌纤维明显增粗,身体也变得更加健壮。

仰泳技术 Techniques of Backstroke

仰泳是人体仰卧在水中游进的一种泳式，也是一种历史比较久远的游泳姿势。最初的仰泳据说是泳者在游泳中仰卧漂浮，借以在水中休息，后来逐渐发展成为竞技仰泳。它的速度慢于自由泳，接近蝶泳，快于蛙泳。1900年第二届奥运会，仰泳被列为正式比赛项目。

与俯在水中游泳相比，仰泳因前视受到限制，很多人对此都有一种恐惧心理。因此，在游泳池中的人群里，游仰泳的比游自由泳、蛙泳的人会少一些。但是，仰泳也有自己独特的优点，它比自由泳、蛙泳更容易在水中漂浮，而且在水中呼吸受到的限制少，游起来比较轻松自如，为中老年人所喜爱，是一种非常悠闲舒适的泳式。

◎ 身体姿势

游仰泳时，身体一定要自然伸展，平直地仰卧于水面，头部和肩部略高于腰和腿部，身体纵轴与水平面构成一个很小的夹角，两腿在水面下5～10厘米。

仰泳游进中，胯部和头部的位置非常重要，尤其是头部对身体起着"舵"的作用，应自然地平枕水中，水面略没过双耳，整个面部露出水面，目视上方。如果头部过于后仰，会使胯部过分抬高，脚和腿露出水面，影响打腿的效果；如果刻意收起下颌，抬高头部，胯部和腿就会下沉，增大身体在水中的阻力。同时，为保持身体的水平状态及流线型，腰腹部应保持适度紧张。

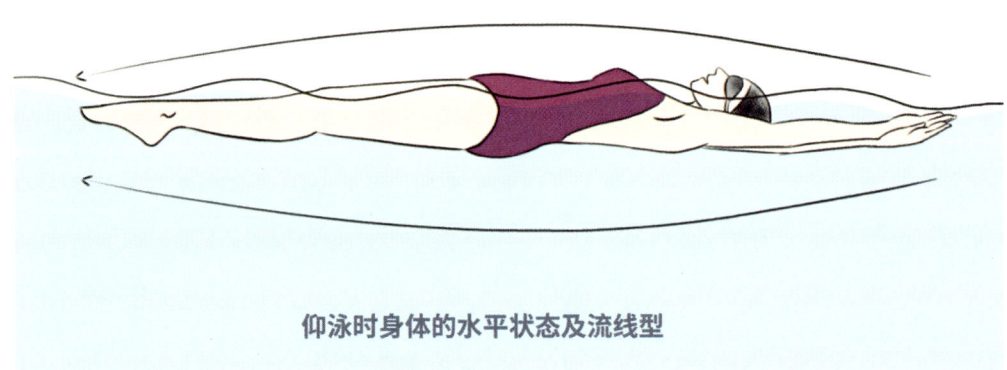

仰泳时身体的水平状态及流线型

> **教练提醒**
>
> 仰泳时,身体会随划水和打水动作绕纵轴自然转动,转动角度约为45°。这样转动有利于保持划水的深度和划水角度,能更好地发挥划臂力量,也有利于臂出水和向前移臂。需要着重指出的是,虽然身体不停地转动,但头部要保持固定不动。

◎ 腿部动作

仰泳时腿部动作的主要作用是维持平衡,保持身体良好的流线型,并产生一定的推进力。仰泳的打水动作与自由泳类似,以髋关节为轴心,胯部发力,脚往上踢与往下踢交互动作,分别"上踢"和"下压"。不同的是,仰泳的打水动作比自由泳轻,更富节奏感,可以用"大腿带小腿,两腿鞭打水"来形象地描述。而且,仰泳时腿产生推进力的动作是"上踢",打腿时膝关节弯曲的角度和打腿幅度都比自由泳稍大一些。

上踢

上踢是产生推进力的主动作,必须用较大的力量和较快的速度来完成。脚内旋,屈膝,大腿带动小腿和脚向上踢水,在踢水的过程中逐渐伸膝,直至膝关节完全伸直。上踢动作结束时,脚趾不应高出水面,在水面上翻腾的只是踢出的水花。

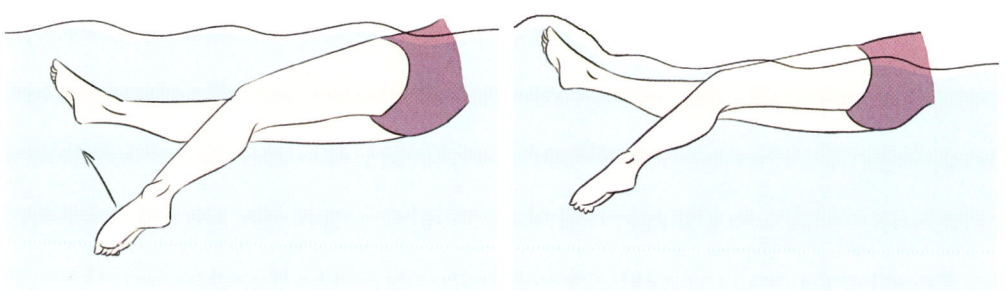

> **教练提醒**
>
> 在上踢过程中,还要注意的是,脚腕要伸直,不能勾脚,膝关节、小腿和脚都不能露出水面,踢出的水花像沸腾的水。

下压

下压时，膝关节和踝关节自然放松，从腰部开始，大腿带动小腿下压到一定深度后，大腿停止下压转入上踢。此时，小腿和脚在惯性作用下会继续下压，使得膝盖自然弯曲。之后，小腿和脚在大腿的带动下依次结束下压动作。如果下压的动作正确，将会使小腿前部和脚背形成一个良好的对水截面，这对上踢产生推进力也极为有利。

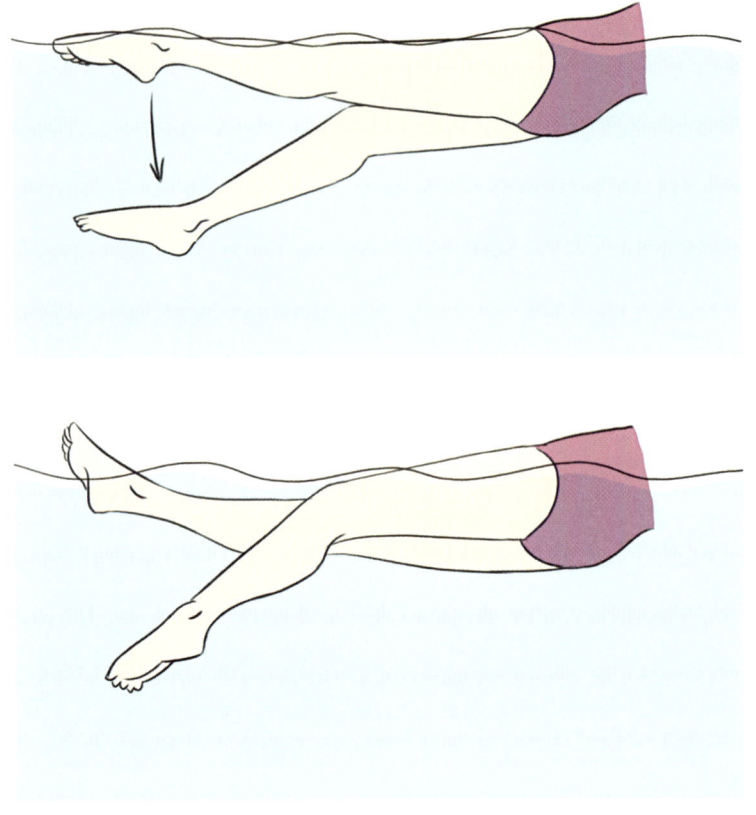

教练提醒 下压动作是直腿完成的。同自由泳一样，仰泳游进时，也是伴随着身体的转动做上下侧向踢腿。侧向踢腿可以帮助身体转动，并抵消由于臂划水动作引起的上下和侧向的运动。

◎ 臂部动作

仰泳时，两臂轮流交替地向后划水是推进身体前进的主要动力，手臂划水技术的好坏直接影响游进速度。同自由泳一样，仰泳的整套手臂划水动作也由入水、划水、出水、空中移臂组成。下面依序来解析各动作的技术要领。

入水

臂的入水动作应与身体的转动相协调。臂入水时，身体会向同侧转动，手臂直伸到肩的前方，手掌向外，由小指领先，在同侧肩的延长线上快速切入水中，以减小入水时的阻力。入水时，手掌与前臂成150°～160°角。

正

侧

划水

划水动作是推进身体前进的主要动力来源。仰泳的划水动作从下划开始，划至大腿侧下方为止。仰泳的划水动作稍显复杂，根据手臂划水的主要轨迹，可将划水动作分为下划、上划、第二次下划和第二次上划四个动作过程。

● 下划

臂入水后，应将手掌方向转为向下方，积极下滑，不宜过早向下划水。如果入水后急于划水，就会把水压向下方，使身体浮起，造成减速。当手掌由向外渐渐转为向下臂向外旋转时，勾手腕并且稍屈肘，手指向外，使前臂内侧和手掌对准水，并有压水的感觉。下划结束时，手掌距水面30～40厘米，肘部弯曲成150°～160°角，形成刨水动作，为上划创造有利条件。

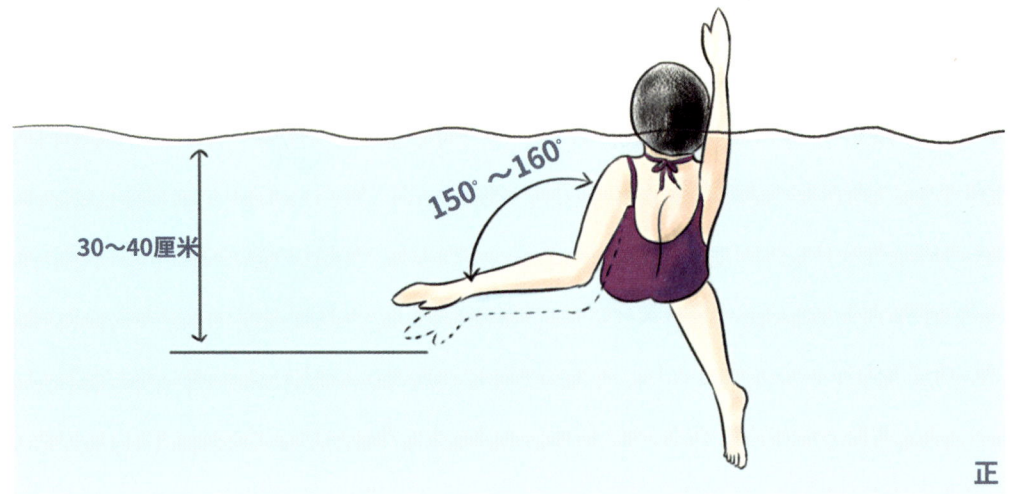

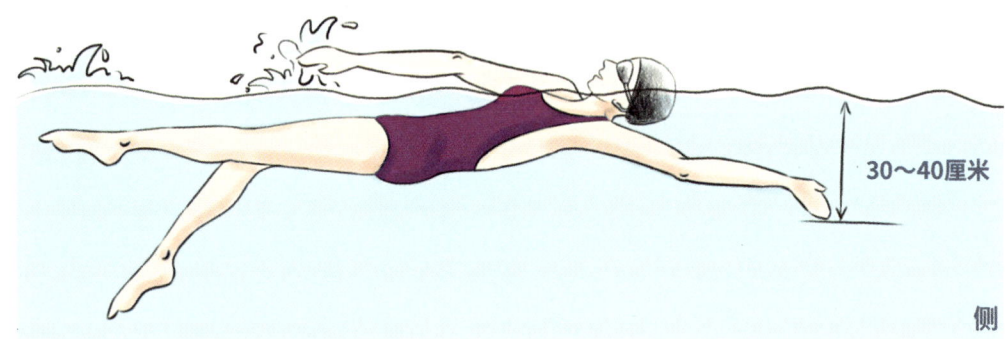

● 上划

上划时身体继续向侧下方转动，手向后、向上、向内划水，肘关节慢慢加大弯曲程度。上划过程中，手的运动速度快于肘，逐渐使手、前臂和上臂形成良好的对水面，当手划至肩侧时上划动作结束，此时身体转动幅度达到最大，肘关节弯曲达到最大程度，呈90°～120°，手掌离水面10～15厘米，指尖朝向外上方。

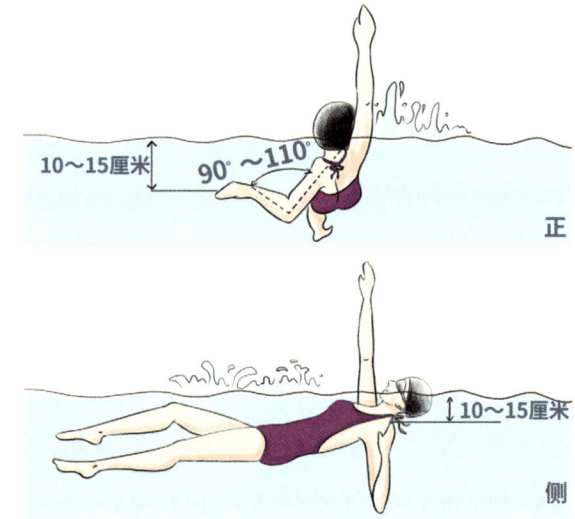

● 第二次下划

当手掌划过肩关节后即转入第二次下划阶段,手掌、前臂、上臂同时向后、向下、向内加速推水,直到弯曲的肘部完全伸直,身体开始向划水臂的相对的一侧转动。为使推水动作更加有力,肘关节和前臂应逐渐向身体靠近。当推水即将结束时,前臂内旋向下做压水动作,直至在大腿下完全伸直。注意前臂和手腕的压水动作要快速,犹如甩鞭子一般。推水结束时,手掌朝下位于大腿侧下方,指尖向外,距水面 30~40 厘米。

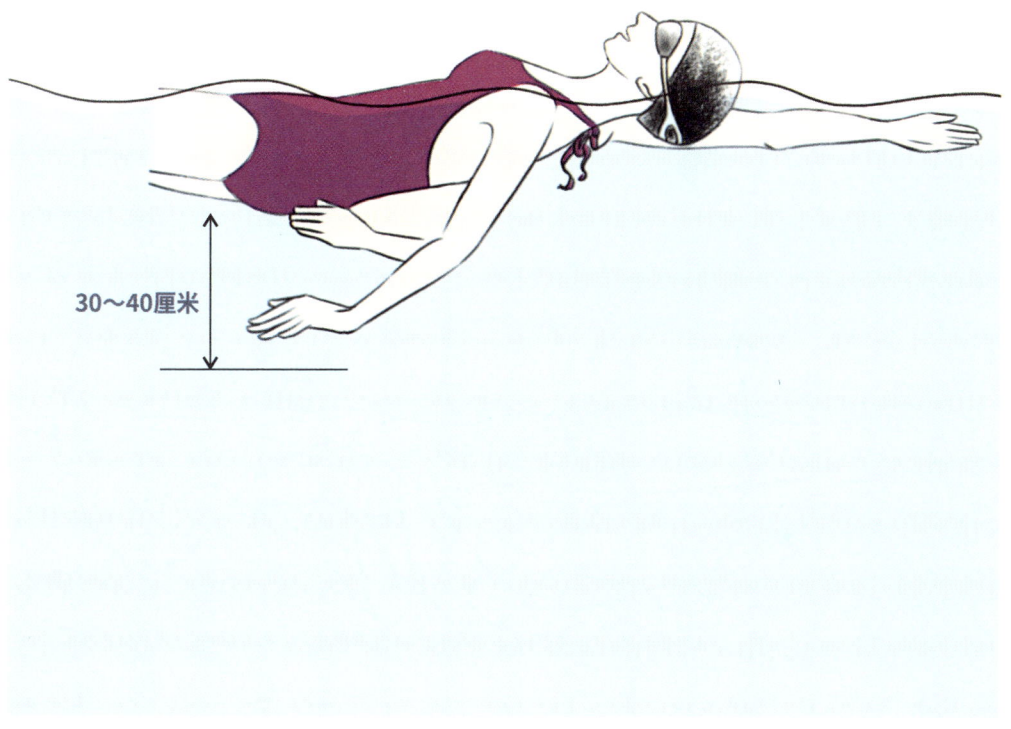

● 第二次上划

第二次上划是指第二次鞭状下划后到出水前的这段划水。仰泳中的第二次上划一直被认为是仰泳提速技术中非常重要的一环,它与前进速度的关系非常密切。第二次下划后手掌朝下,指尖向外,通过直臂外旋和伸腕动作,手掌由朝下向后、向内拨水至大腿旁完成划水动作,行进速度迅速加快。划水过程中手臂完全伸直,指尖向后下方。这个划水动作时间较短,由手掌对水形成的一个向后的倾斜角度及由外向内的横向运动产生推动力。如果太靠近大腿,会影响推进力的产生。

与自由泳类似,仰泳时,手在水下的移动路线也为"S"形,速度由慢到快,有明显的加速划水动作。

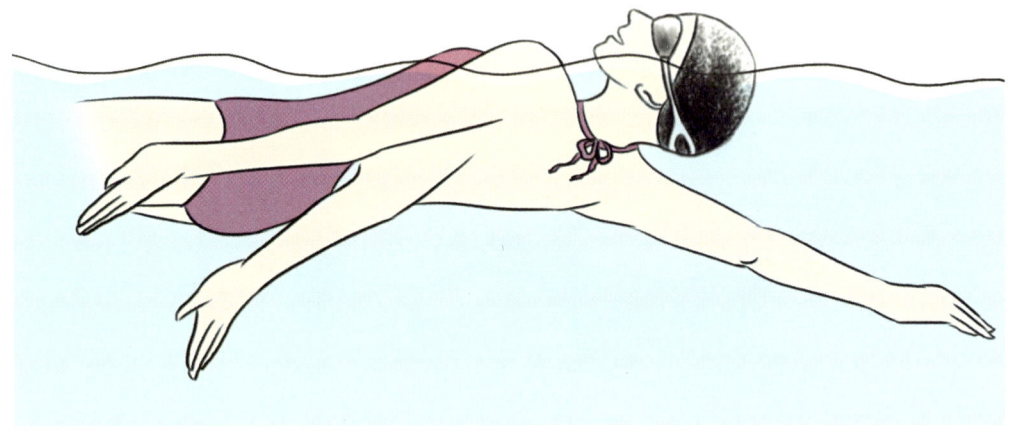

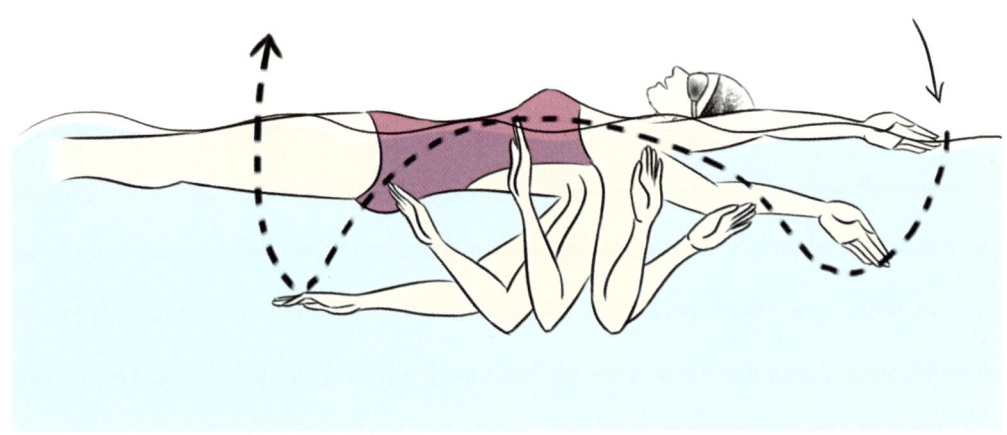

出水

划水结束后,迅速由肩带动将手臂提出水面。提臂之前一定要先压水,借助手臂向下压水的反作用力和肩部肌肉的收缩,迅速将手臂提出水面。为减少阻力,手臂应伸展且自然放松,手掌向内,从小指开始往上拨,上臂、前臂和手依次出水。与自由泳不同的是,仰泳是直臂出水。

空中移臂

手臂出水后,以肩为轴,沿着同侧肩的上方,在垂直面上直臂向前转动。当移至肩的正上方时,前臂要向内旋转,使掌心转向外,小指领先,为下一阶段的入水做好准备。空中移臂时,臂要伸直放松。

 仰泳时两臂的配合应保证身体得到连贯均匀的推进力:一臂入水时,另一臂划水结束;一臂处于划水的一半时,另一臂则处于移臂的一半。这样的配合能保证两臂动作的连贯性,使身体匀速前进。

◎呼吸与臂的协调配合

仰泳时,口鼻部始终露出水面,呼吸不会受到限制,因此仰泳的呼吸比其他泳式简单。但如果随意呼吸,没有一定的节奏,就会使呼吸不充分而造成动作紊乱,从而更容易疲劳。因此,仰泳的呼吸还是要注意掌握好方法和节奏,一般的节奏是两臂各划1次、呼吸1次。提肩时,用口吸气,臂入水吸气结束,抓水时短暂闭气,随着划水进行口鼻呼气。多数运动员采用一臂移动时呼气,另一臂移动时吸气的配合方式。

◎完整配合

仰泳的完整配合技术非常重要,如果配合不当,将影响整个动作的平衡和协调自然。游进时不能只是无目的地用劲儿,而要考虑合理配合,要考虑怎么样才能获得更大的推进力。仰泳的配合形式有很多，但现代仰泳多采用6∶2的配合，即6次腿打水、2次划臂的配合技术，这一点与自由泳类似。

◎ 常见错误及纠正

● 入水时手臂离开中心线

入水时手的位置会对身体姿势产生一定影响，如果姿势不正确，身体的流线型就会被破坏，妨碍有效的划水。如，过于向内偏，会使腰部下沉，身体偏向一侧；太向外偏，腰腿则会偏向反方向。

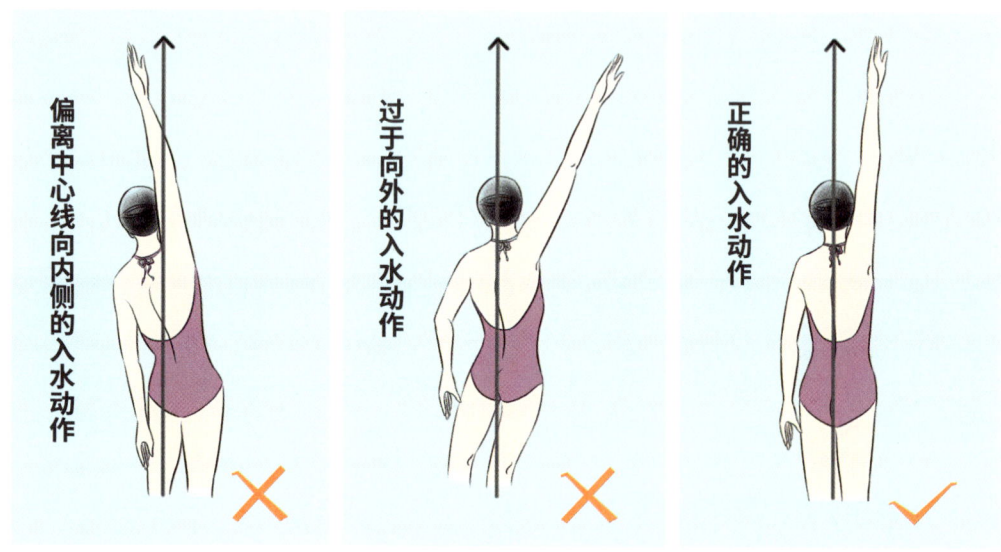

● 入水时手臂入水

入水时手臂应向前伸，以小指引导手臂入水。若以手臂或手掌面入水造成拍击水面，则会增大游进阻力，从而影响游进速度。初学者要尤其注意这一点。

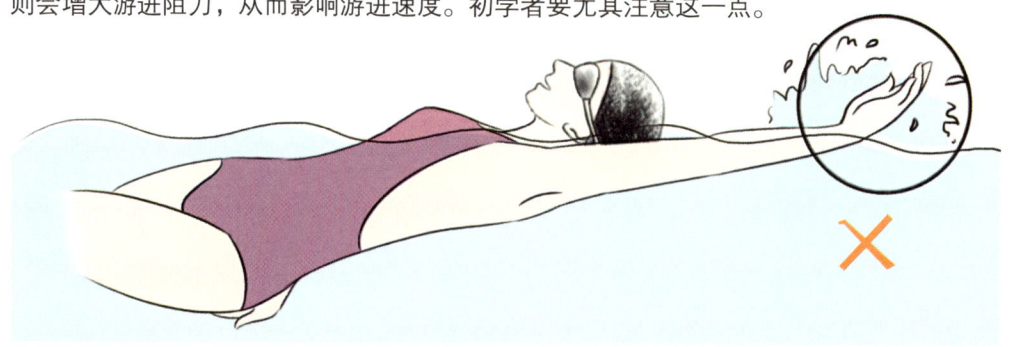

● **腿部弯曲着打水**

　　腿部弯曲是指大腿过于弯曲，脚垂直向上踢，这样会带动腿也向上踢，造成向上压水，增大阻力，减缓前进的速度。向上踢腿要放松髋关节、膝关节、脚踝，柔韧地用脚踝向上踢直到膝关节伸直。脚尖、膝关节不能露出水面。

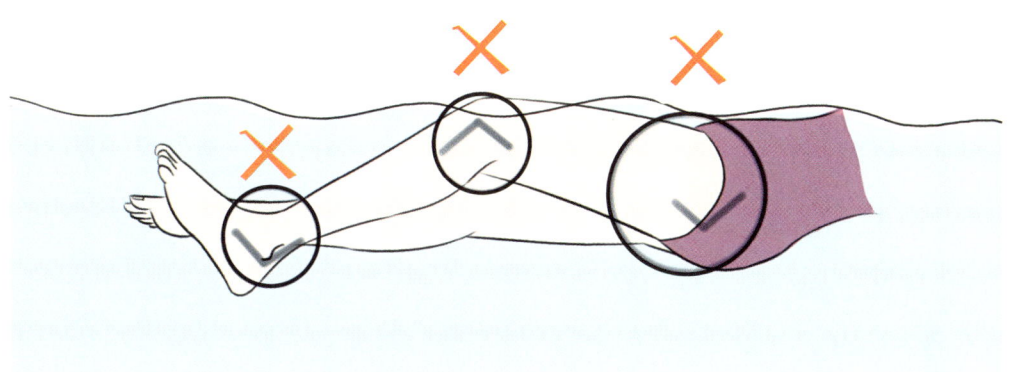

● **深度踢腿**

　　深度踢腿会产生阻力。特别是在屈膝、向下踢水过深的情况下，身体向上浮，身体流线型被破坏，致使前进速度减慢。

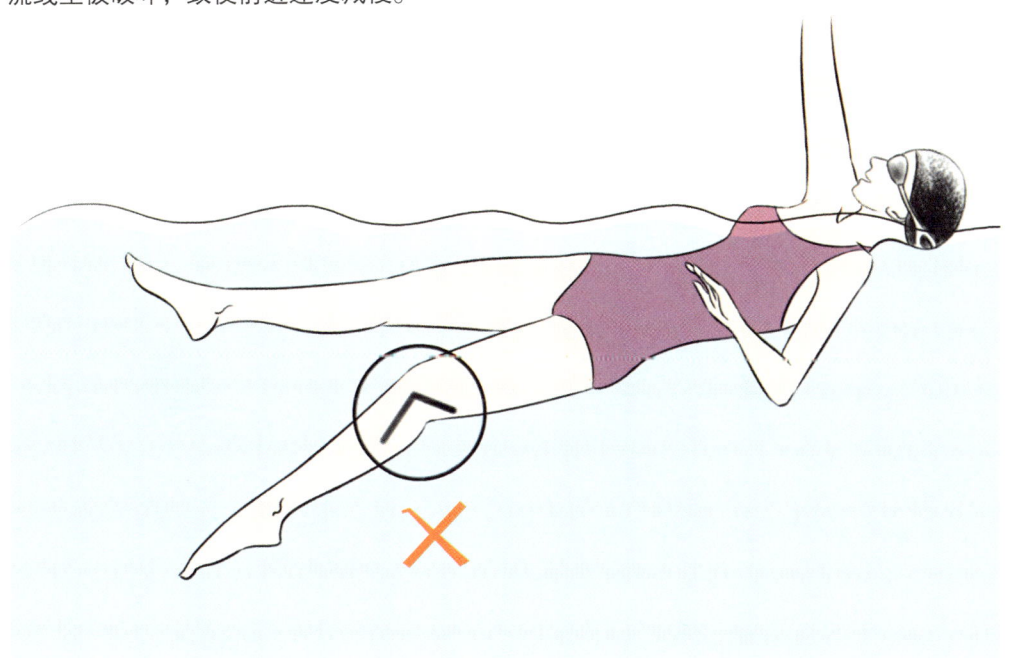

● 第二次向下划水时手掌向后压

第二次向下划水时，如果手掌太向后，会把水压向后方，不仅不能有效向下划水，而且会产生阻力，使前进速度随之减慢。第二次向下划水时，应保持手掌向下划水一直到大腿。这样就可以长时间获得推进力。

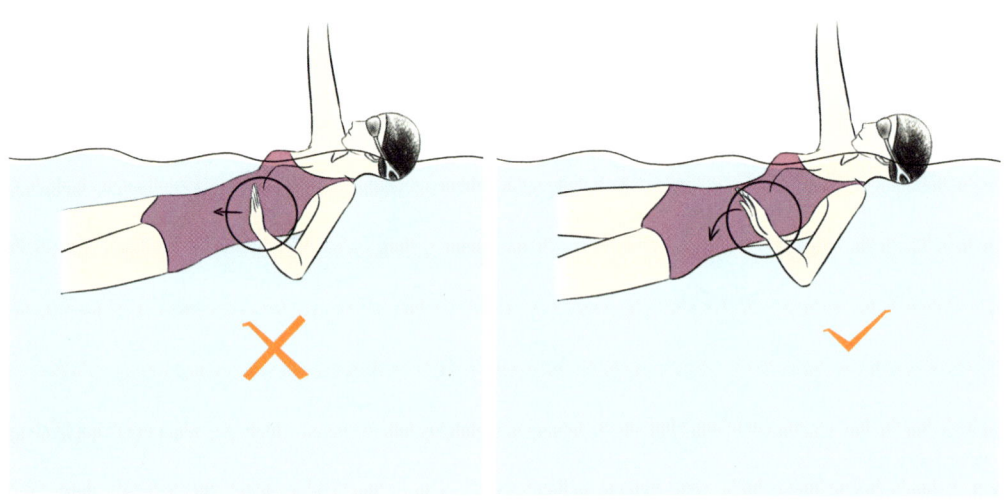

● 从侧面开始收手

通过侧面的收手动作使手臂甩向侧面，这样腰也被拉向侧面，身体就会向反方向摆，导致腰、腿的蛇行，这是错误的。应以近于直线的收手动作保持身体成一条直线，使阻力减小。

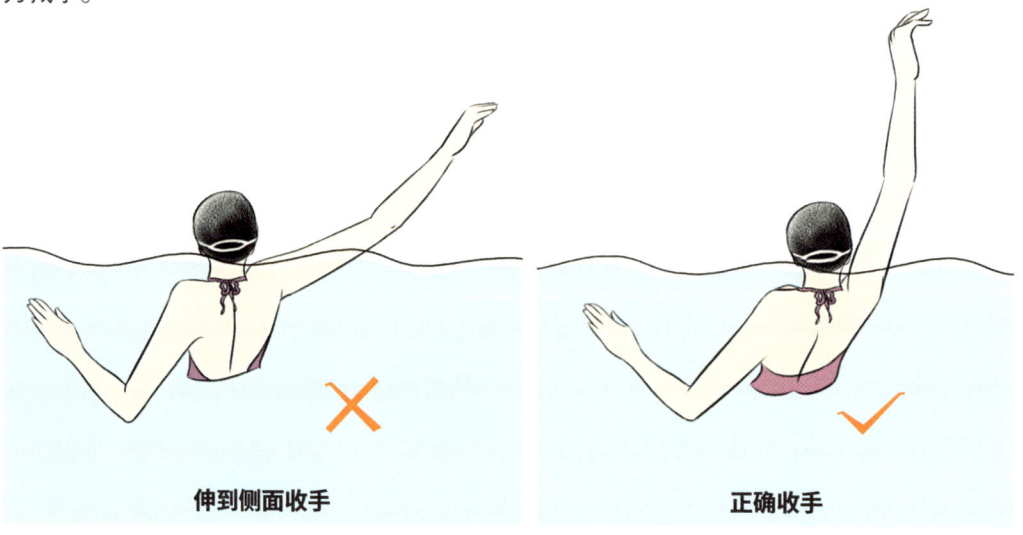

伸到侧面收手　　　　　　　　　　正确收手

● 肩沉在水中收手

收手时，肩沉在水中，手比肩先伸出水面，会使肩部下沉。这样，肩与上臂被水压回，会产生很大的阻力。因此要特别注意利用身体转动来伸展肘部，减小阻力。

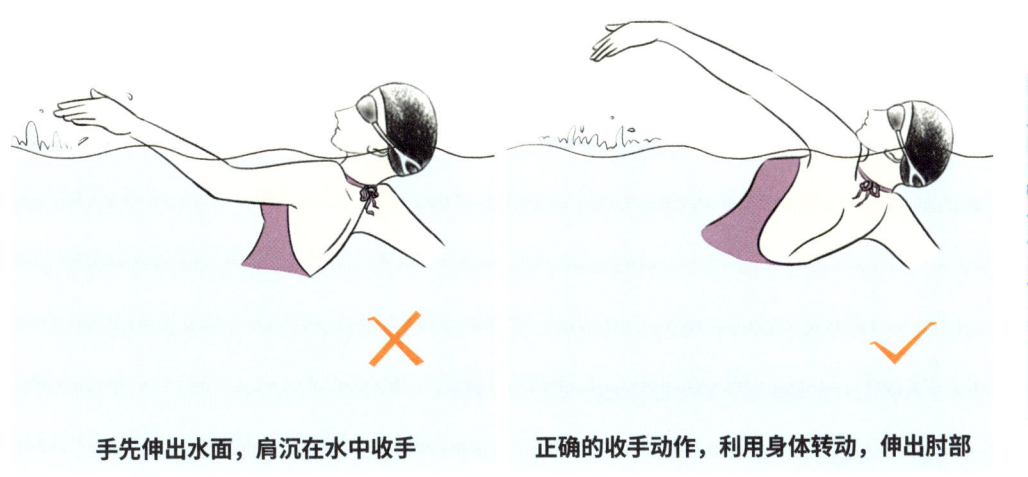

手先伸出水面，肩沉在水中收手　　　正确的收手动作，利用身体转动，伸出肘部

● 沉肘划水

肘部下沉划水会把水压向后方，减慢前进速度。另外，不能把头和肩抬到上方，应顺着速度进行划水动作。

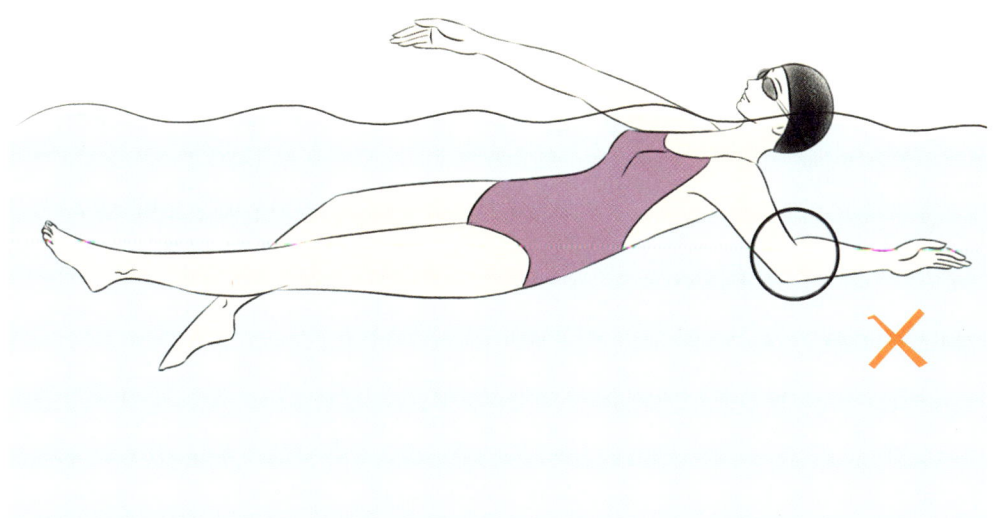

知识链接

游泳与心理健康

游泳运动除了可以锻炼身体之外，对培养人的意志力、集中注意力和树立自信心等心理素质也十分有益。通过游泳可以发泄不良情绪，释放精神压力，从而提高自我心理调控能力。从面对水环境产生恐惧，到在水中灵活自如地游泳，这个逐渐克服和战胜恐惧心理的过程，也是一种积极的心理体验。

游泳对心理健康的促进作用

促进智能发展

智能包括人对客观事物的认知能力和对问题的解决能力两个方面。经常参加游泳运动，可以促进大脑的开发，使右脑得到充分的锻炼，提高记忆力和抽象思维能力。游泳运动能使神经系统的兴奋和抑制过程更加集中、对外界刺激的反应更加灵敏，可以进一步提高大脑对各系统的调节能力。大脑功能的强化，对发展智力具有非常关键的作用。

促进情商培养

情商主要是指人对情绪的控制能力，包括情感、意志和耐受挫折等方面的非智力因素。在学习游泳的过程中，会遇到各种挫折和困难，对自我情绪的调节能力的要求较高。而且游泳场所一般为公共区域，在同他人学习交往的过程中，对提高自己的情商也极为有益。

丰富情感体验

游泳在水环境中进行，这与在陆地上进行的体育项目有着很大的区别。初学游泳时，即便是不怕水，也很难在短时间内迅速掌握身体在水中的浮力要领。这就要求游泳者具有良好的耐心、愈挫愈勇的精神和持续学习的毅力。这样，在学习和掌握游泳技能的过程中，渐渐就能体会到一种运动的乐趣，获得成功后的愉悦情感体验。

培养坚韧的意志

水性较好的人,一般还会将游泳作为一种锻炼坚韧意志的重要方式。比如在大风大浪中游泳,需要勇敢顽强和勇于拼搏的精神;横渡长江等水域,需要顽强的毅力和坚强的意志;在寒冷刺骨的水中冬泳,除了要具有良好的身体素质,更需要勇敢和坚毅的决心。

抵御心理障碍

心理障碍一般由不良刺激引起,具有暂时性情绪过敏、情景性和偶然性等特点。很多人对水的特性缺乏了解,会出现怕水心理,甚至有人在初学游泳时偶尔呛水还会产生心理障碍。但只要科学合理地加以引导,循序渐进地加强学习,就能够慢慢克服心理障碍。心理障碍的克服,有利于增强自信心,提高面对和解决生活中各种问题的能力。

游泳中常见的心理障碍和克服方法

恐惧心理的外在表现

- 怕水。表现为神情紧张,注意力不集中,不敢下水。
- 抓扶外物。神情紧张,呼吸不匀,下水小心翼翼,手紧紧抓住他人或扶梯等。
- 水中站立不动。终于下水,但是在原地站立,不敢走动。
- 头不敢入水。在水中走,不敢将头埋入水中,身体在水中不能漂浮起来。

恐惧心理的外在表现

- 缺乏兴趣。对游泳运动认识不足,或者在水中缺乏安全感。
- 缺乏自信。不习水性,缺乏毅力,害怕出丑。

心理障碍的克服方法

- 正确认识游泳的益处,培养游泳的兴趣。
- 提高自信心,勇于尝试,不急于求成,循序渐进,加强锻炼。

蛙泳技术

　　蛙泳因模仿青蛙在水中游动的动作而得名，也是最古老的一种游泳姿势。它的臂腿动作方向变化较多，内部技术结构是四种泳式中最为复杂的。由于蛙泳水下的移臂和收腿都会给身体带来很大的阻力，使得身体前进的速度不均匀，因此它在四种泳式中的游速也是最慢的。但蛙泳可以用较小的力游较长的距离，是四种泳式中实用价值最为突出的泳式。它不仅是人们游泳健身时喜欢采用的泳式，而且是水上救护、生产建设和军事训练等常采用的泳式之一。1956 年第十六届奥运会起将蛙泳列为正式比赛项目。

　　与自由泳和仰泳不同的是，蛙泳的手和脚左右成对称、协同配合，因而身体也较容易水平地俯卧水中。但如果手脚配合不好，身体失去平衡，腰以下就会比较容易沉入水中。为了防止下半身下沉，身体必须保持较好的流线型姿势，充分发挥手臂和腿的推进作用。另外，因为是双手在前、两眼看向前方，又可以在水面上呼吸，蛙泳能给人一种特别的安全感。

◎ 身体姿势

　　蛙泳游进时，身体相对位置随着手臂和呼吸动作不断地变化。当一次划水一次蹬腿结束后，身体保持一定的紧张度，臂腿并拢伸直，头部在两臂之间，眼看池底，俯卧水中成较好的流线型姿势，身体与水平面的夹角呈 5°～10°，处于一个较高的水平位置。当开始划水时，肩部随划水的进行而逐渐抬高，当肩和头部至最高点吸气时，身体纵轴与水平面的夹角增至最大。

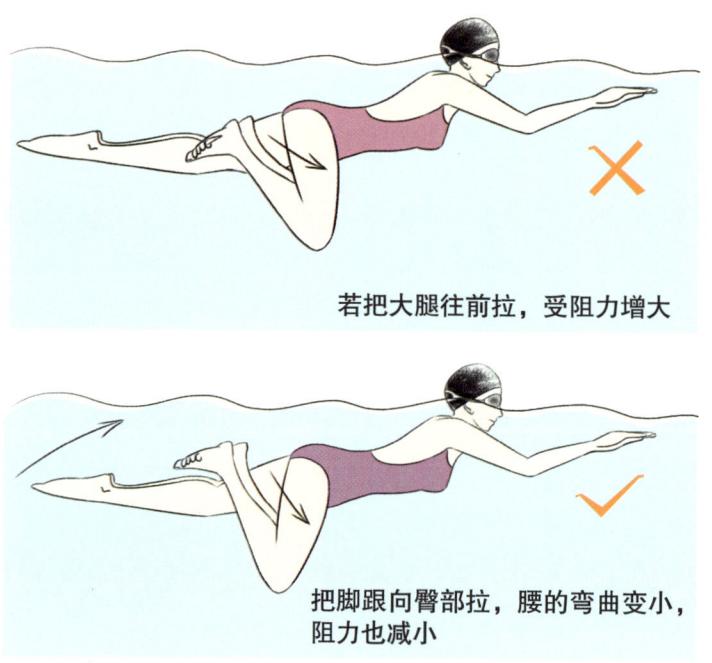

若把大腿往前拉,受阻力增大

把脚跟向臀部拉,腰的弯曲变小,阻力也减小

教练提醒

蛙泳是受水阻力较大的泳式项目,蹬脚结束回拉腿部时所受阻力最大。要减小阻力,就不能把大腿往前拉,而是要把脚跟向臀部靠拢,减小腰部的弯曲度。

◎腿部动作

在四种泳式中，蛙泳的踢腿重要性最高，是一种强调踢腿强度及技术的游泳项目。与仰泳、自由泳不同，蛙泳的腿部动作不仅有保持身体平衡的作用，而且是推进身体前进的主要动力之一。蛙泳腿部动作分为收腿、外翻脚、蹬夹水和滑行四个紧密相连的阶段。

收腿

收腿是外翻脚、蹬夹水的准备动作，是为了把腿收至最有利于蹬水的位置，它不但不产生推进力，还会造成阻力。因此，收腿时要尽量减小阻力。

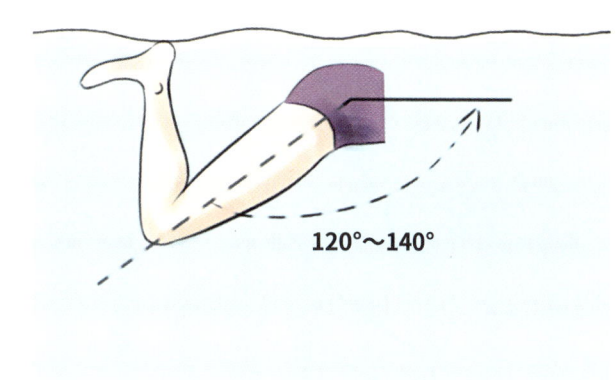

收腿时，腿部肌肉自然放松，两腿略下沉，一边向前收，一边慢慢分开双膝和踝，同时屈膝，双脚稍向内旋，脚跟向臀部靠拢。收腿时，小腿和脚要跟在大腿和臀部的后面，藏在大腿投影截面内。需要注意的是，大腿不能往前拉，保持腰部微弯可减小阻力。收腿结束后，大腿与躯干呈120°～140°角，两膝内侧与髋关节同宽，脚后跟靠近臀部，小腿与水面几乎垂直。

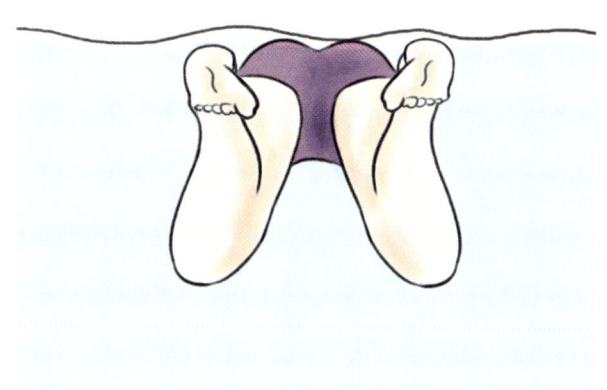

在现代蛙泳中，也有运动员在收腿时采用快收技术，事实证明也可以加快动作的频率，提高速度。其动作特点是迅速放松大腿，快速收小腿，使脚跟靠近臀部，与臂部动作相配合。

收腿时，两腿动作要自然、放松，力量要小，这样才能减小阻力。

外翻脚

外翻脚是收腿与蹬夹水之间的连接动作，目的在于使腿在蹬夹水时有一个良好的对水面。外翻动作是否充分，对后面的蹬水效果有直接的影响。需要注意的是，外翻不是一个独立的动作阶段，不能独立分开，它在收腿时就已经开始，正确的外翻动作与收腿是一个连续的完整动作过程。当收腿至脚跟接近臀部后，膝关节内扣、勾脚尖，小腿和踝关节向外旋，使脚和小腿的内侧对准蹬水方向。外翻脚结束时，脚位于臀部外侧，两脚间的距离略大于两膝间的距离，脚底向上，脚趾指向侧面，从后面看像一个"W"。

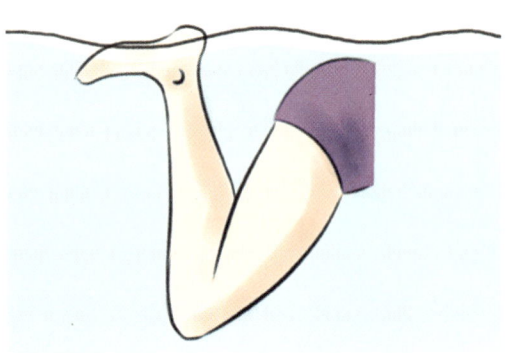 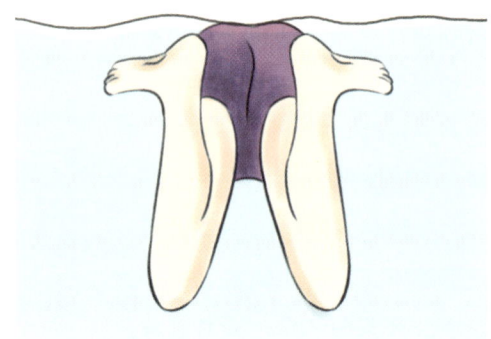

蹬夹水

在外翻脚尚未完全完成时，蹬夹水就已经开始了。蹬夹水也称为"蹬腿"，是大腿带动小腿向后蹬夹的动作，依次伸展髋关节、膝关节、踝关节，在向后蹬的同时向内夹水，脚的运动路线呈弧线。蹬夹水过程中，两腿保持勾脚动作，同时自然地向上摆到接近水面的位置，使身体保持直线。蹬腿结束时，两腿应并拢伸直，踝关节也伸直。

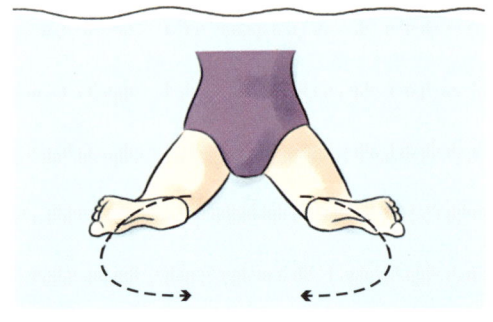

蛙泳腿蹬夹水的过程为可分为三部分：第一部分，两腿向外和向后蹬；第二部分，脚掌向后方、下方再到内侧翻转，脚像画半圆一样蹬水；第三部分，两腿向内、向后快速夹腿，并拢脚掌结束这一动作。

教练提醒　强有力的收、翻、蹬夹动作，能提高蛙泳的速度，因此，要用较大的力量和较快的速度完成以上动作。

滑行

蹬夹水结束后,脚处于较低的位置,距离水面 30 ~ 40 厘米。此时,两腿应尽量伸直并拢,腰、腹、臀及腿部肌肉和踝关节自然放松,使身体形成良好的流线型,借助蹬腿推进力的惯性作用,快速地向前短暂滑行。滑行时间的长短,与动作频率直接有关。

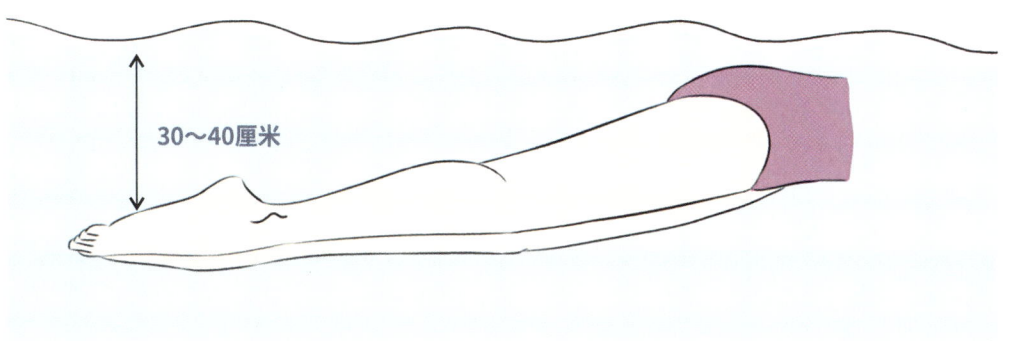

◎ 臂部动作

虽然腿部动作是蛙泳推进身体前进的主要动力之一,但现代蛙泳技术仍十分强调发挥手臂的划水作用。臂部动作在划水过程中能形成较大的对水面,因而能取得比较强的推进力。从水下看,在一次完整的蛙泳臂部划水动作中,手的运动路线是一个"倒心形"。蛙泳臂部的一个动作周期,简单说来可分为外划、内划、伸臂三个阶段。

 **教练提醒** 手臂的运动速度由慢到快,是一个加速的过程。注意在整个划水过程中手掌不能停止运动,应随时随着身体的变化而变化,注意保持流线型姿势,减小阻力。

外划

划水之前,为减小阻力,两臂要与水面平行伸直,掌心向下,身体充分伸展,保持流线型。开始外划时,两臂迅速内旋,掌心转向外下方,对称地向外、向下、向后划水。两手分开超过肩宽时,手臂略向外旋,屈肘、屈腕,手掌转为朝向外后下方,此时手掌和前臂有抱水的感觉。当两手划至肩的前侧下方时达到最宽点,两手分开约成100°的夹角。

教练提醒 外划动作为后面的内划创造了条件,对上体有支撑和平衡作用,并产生一定的推进力。外划的整个过程,应始终保持两手之间的距离大于两肘之间的距离。同时注意保持高肘状态,以让臂在最有效的角度划水。随着外划的不断进行,屈肘的角度会逐渐加大,到外划结束时,肘关节弯曲了30°~40°,手位于肩的前下方。

内划

外划结束时手臂快速转为向内、向上和向后划水,两手掌转为斜相对。在内划过程中,手掌由外到内,再到向上,同时慢慢弯曲肘部,像画圆一样用力划水。内划结束时,两手位于头部的前正下方,肘的位置低于手,肘关节弯曲成锐角。

教练提醒 正确的内划动作不但可以产生最大推进力,而且可以产生使身体上升的力。因此,应尽量延长这一阶段的划水路线,双手要划至下颌下方、接近合拢时再开始伸臂,避免过早进入伸臂阶段而减小推进力。内划强调两手在两肘之前完成,即"以手带肘"完成内划,这样可将推进力保持较长的时间,并使划臂过程的阻力减小。

伸臂

伸臂动作是通过向前伸肘、伸肩直至成伸直姿势。当两手内划至下颌下方接近并拢时，借助两肘内夹动作向前伸手臂。伸臂开始时，掌心相对；伸臂即将结束时，掌心转为向下；伸臂结束时，手腕自然伸直，两手并拢。

教练提醒 伸臂动作一般在接近水面时完成，但也有运动员为减小阻力采用手在水面上的伸臂方法。快速向前伸臂是现代蛙泳的技术特点之一，它紧密配合腿的动作，在伸臂的同时，向前伸肩。伸臂动作不能有停顿，整个过程以指尖领先，快速前伸，能够对身体游进起牵拉作用。

◎呼吸与臂的协调配合

在蛙泳中，游泳者用口吸气，吸气时间相对较长，在手臂外划开始时抬头吸气，内划时低头闭气，伸臂时呼气。

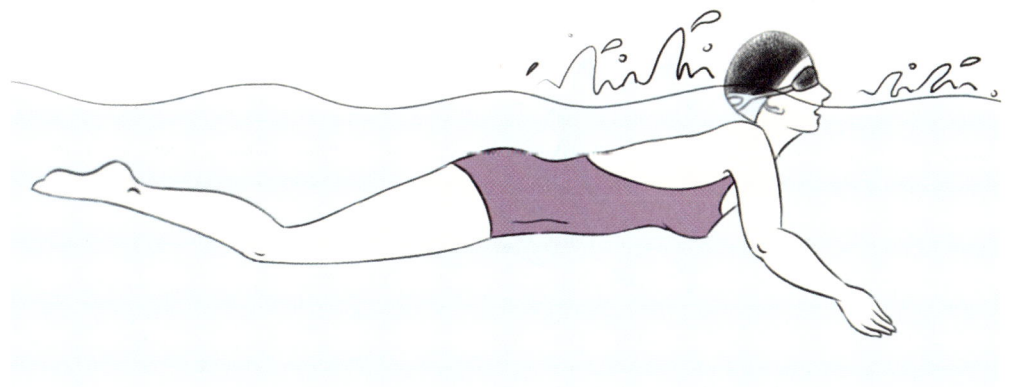

◎ 手臂与腿的协调

合理的蛙泳臂腿配合技术是：臂外划时，腿自然放松伸直；臂内划时，开始收腿。臂开始前伸时，迅速完成收腿并做外翻脚动作；臂接近伸直时，快速蹬腿；蹬腿结束后，全身伸直呈良好的流线型向前滑行。

蛙泳臂与腿的配合技术较复杂，为保持游泳速度的均匀性，臂腿配合应尽可能运用于游进的每一动作周期内，使各个动作阶段都有推进力产生。

◎ 完整配合

蛙泳的配合技术通常采用一次臂、一次腿、一次呼吸，即1∶1∶1的配合形式。两臂外划时，抬头吸气，然后收腿，伸臂时呼气；两臂向前将伸直时，两腿蹬夹水，臂腿伸直滑行，两臂内划时低头闭气。

◎ 常见错误及纠正

● **紧缩肘部内划**

不能保持高肘，不能进行以肘部为支点的划水。如果把肘部拉到两手内侧，就不能充分划水。如果手划到比肘部向内的位置，就能够一直划到胸下，获得的推力也就越大。

向里划水时手的动作在先，随后手臂才开始划动

●落肘内划

落肘划水不能形成很有质量的划水,会导致摸水一样的划水。肘部应该立起来,保持上臂(大臂)与前臂(小臂)的一定的角度,增大前臂(小臂)和手掌对水面,增加划水的效率。

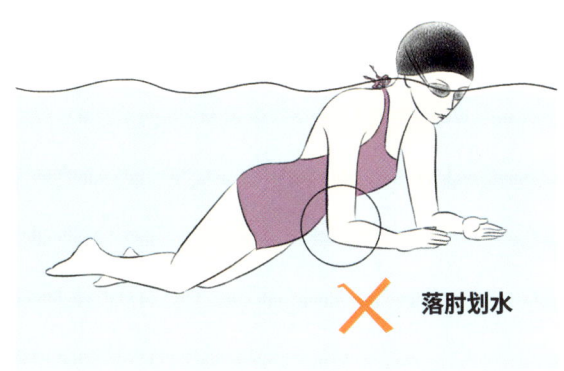

✗ 落肘划水

●伸臂时双手未合拢

手臂与腿形成一条直线的瞬间,身体开始呈流线型滑行。

伸臂动作是夹住两肘,两手向前方伸出。这时如果手未合拢,身体流线型被破坏,游进速度就会减慢。要缩小接触面积,减小阻力,收手的最后动作应并拢两手掌伸展。

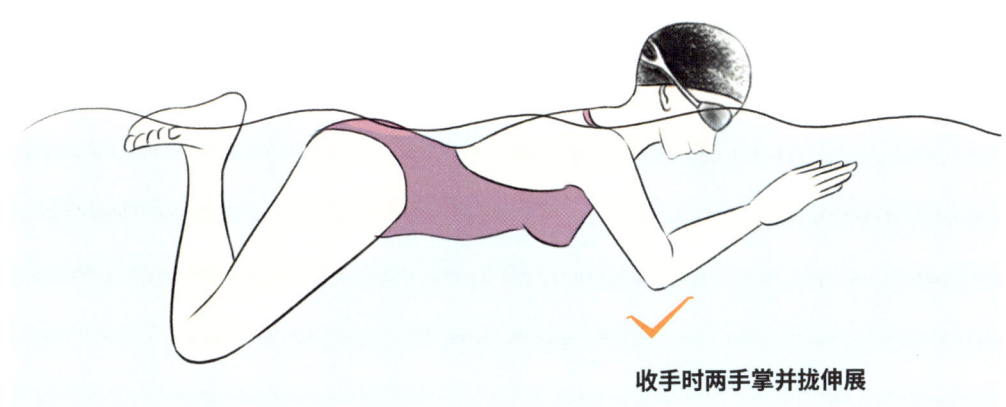

✓ 收手时两手掌并拢伸展

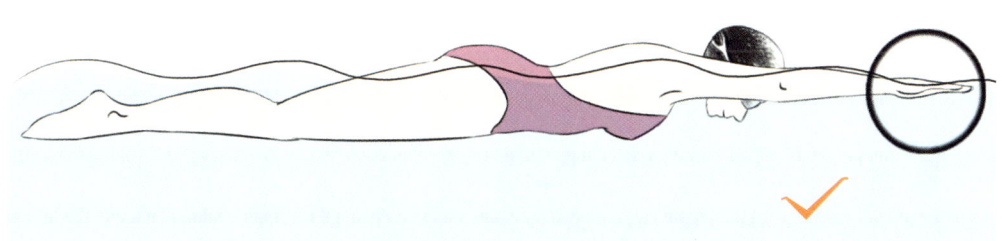

✓ 手臂与腿形成一条直线的瞬间,身体开始呈流线型滑行

●呼吸时肩向后方倾斜

呼吸时应使肩向前上方倾斜，如果向后上方倾斜，就不能产生前进速度。向前的动作越大，腰腿受到向前的拉力越大。

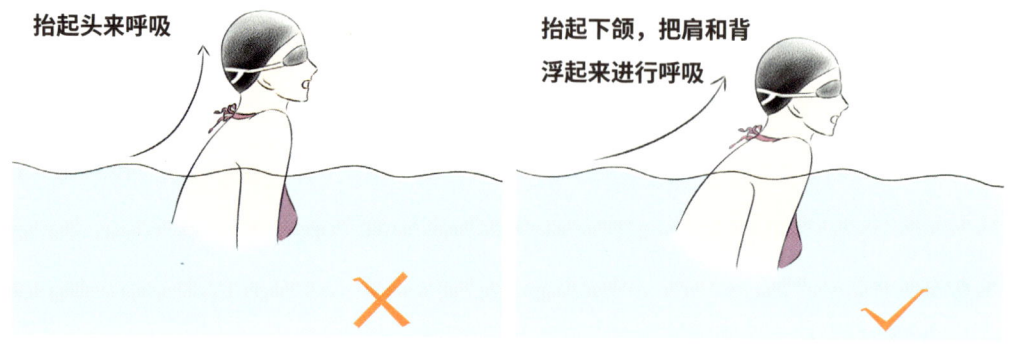

抬起头来呼吸 ✗

抬起下颌，把肩和背浮起来进行呼吸 ✓

●收腿时大腿向前拉

过度弯曲膝关节会使大腿向前拉，致使大腿下压水，这样的话阻力会增大。另外，如果膝关节拉开太宽，也会增加不必要的阻力，导致游进速度减慢。

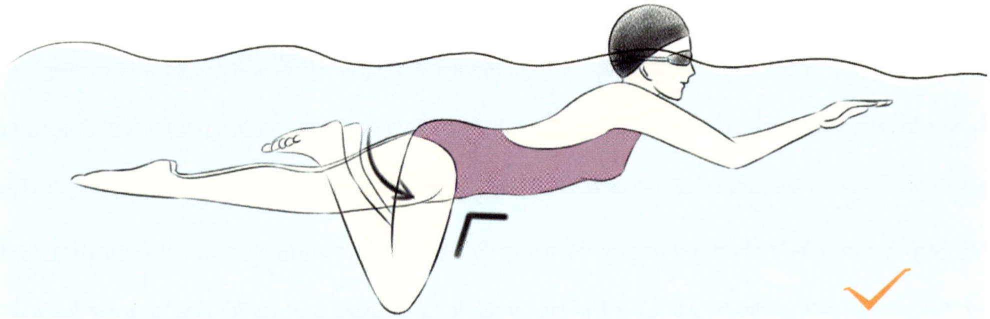

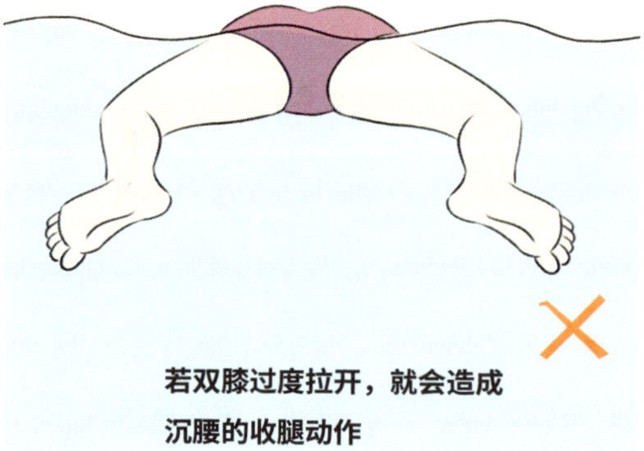

若双膝过度拉开，就会造成沉腰的收腿动作 ✗

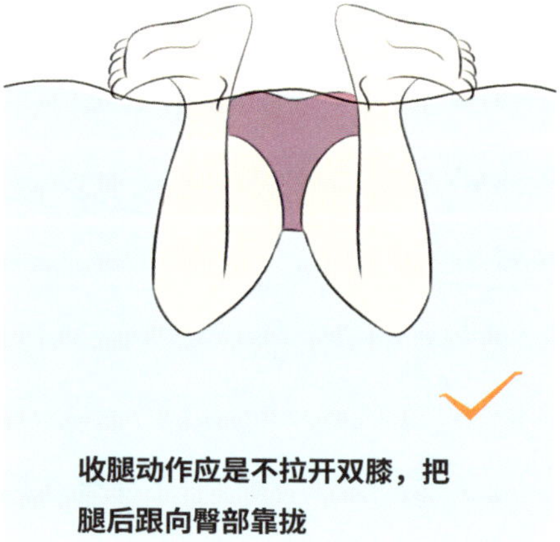

收腿动作应是不拉开双膝，把腿后跟向臀部靠拢 ✓

知识链接

游泳与社会适应能力

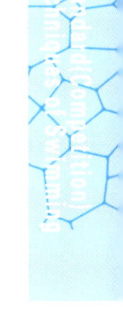

社会适应能力指的是个体与他人,以及与社会环境和谐交往、共处的能力,包括心理承受能力和自我调控能力。良好的社会适应能力主要体现在个体与他人的友好相处,以及遵守社会公序良俗、胜任特定的社会角色上,包括环境适应、人际适应和个体发展三个方面。游泳作为一种竞技性的体育运动,在全世界范围内得到广泛的认可和推广,对提高社会适应能力具有重要的作用。

提高环境适应能力

环境认知

人在进入一个新环境中时,通常会经历一个对环境感知和分类鉴别的认知过程,然后在认知基础上对感兴趣的内容做出行为上的适应。水环境是一种有别于陆地的特殊生存环境,开始游泳时,人体在水中受到的刺激便会通过感官形成初步的信息,从而在认知中做出适应水环境的相应行为,最后在水中做到行动自如。学会游泳便是对水环境适应的完整过程。在这一过程中,还可以发现自己的优点和不足,在扬长避短中完善自己的个性。

参加游泳运动还能结识很多新朋友,他们不同的人生经历和社会角色有助于你间接地获取认知信息,这也是适应社会生活的一部分。

游泳比赛从组织到实施,需要在一定的组织流程中遵守各种规则。这使参与者在对比赛进行认知的过程中,形成公平竞赛的意识。

环境适应

提高沟通能力。在学习游泳时，师生之间常常需要对技术动作细节展开频繁交流。这种沟通不仅具有直观性、及时性和准确性，也是主动性沟通、注意力集中性沟通和信息交流充分性沟通的典型范例。

提高肢体语言的理解和使用能力。肢体语言是社交活动中极为有效的沟通方式之一。在不便发声的水底，或者相距较远的情况下，以及遇到危险呼救时，肢体语言显得格外重要。姿势优美的各种游泳动作被称为"水中的舞蹈"，具有语言难以表达的美感。

提高社交技能。游泳运动有利于强化个体的自我意识，并促使个体努力改进自己的动作技术。这与社会交往的规律相契合，如果运用到社会交往中，就是对自我的真实状况和他人对自己的评价有更加清醒的认识，从而调整自己的行为。这个不断改进、提升和适应的过程，就是不断提高自身社交技能的过程。

提高个体的适应能力

人际认知

游泳是一项世界性的体育比赛，吸引了世界各地不同国家、不同民族的人参与其中。这些有着不同信仰、不同思想观念的人，对比赛规则的认知和遵守，凝聚着对共同价值观的认可。价值观是文化观念的核心，是文化精神的集中体现，也是人际适应的重要因素。

人际适应

游泳运动可以培养社会需要的价值观，提高人们对正确价值观念的理解和适从能力。

培养自由平等精神。游泳运动是一项人人自由平等参与、公平竞争的竞技活动，充分体现着自由平等的精神。这种公平意识渗透到生活当中，必将影响人们对事物的看法，从而形成平等待人的观念和行为。

培养积极进取精神。游泳是一项讲究速度、力量和技巧的体育运动，要获得成功的喜悦，必然离不开平时艰苦的训练。在挥洒汗水积极进取的同时，逐渐形成拼搏进取的人生观。

培养和平参与行为。在比赛规则的约束下，所有参赛者公平竞争，有利于培养人的和平观念，规范人的和平行为。此外，水环境柔和，游泳运动剧烈而不刚猛，有助于游泳者在水中自由徜徉，培养平和的心境。运用到生活当中，有利于与他人和谐交往。

促进自我发展

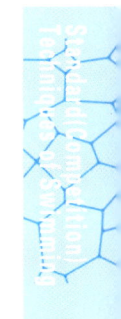

自我认知

培养良好的协作意识。从在他人的帮助和指导下学会游泳，到参加游泳竞赛，都离不开人的积极协作意识。尤其是在参加游泳接力比赛中，更是需要高度的协作、齐心协力的默契配合，才能获得预期的整体效益。这种协作意识的形成，对于人们参与社会分工合作具有积极的影响。在协作无处不在的现代社会，协作意识的高低、协作能力的大小是决定一个人事业成功与否的重要因素之一。

培养正确的竞争意识。游泳是一项充分体现公平竞争性的体育项目。在严密的规则约束下，游泳竞技者凭借自身的实力进行角逐。在短暂的比赛中，失败与成功的结局也是短暂的。因此，游泳可以培养人们正确的竞争意识，以及理性对待成败的态度。

自我发展

促进人们适应现代生活方式。现代生活节奏加快，人们的压力普遍增大。游泳作为一项十分有益的体育活动，可以有效地缓解身体的疲劳和精神的压力，调节身心的平衡。而游泳运动对身体各项系统机能的锻炼和改善，也能够有效地提高人体对适应快节奏生活的应变和承受能力。此外，游泳还是一种享受阳光、沙滩，感受大自然美好的极佳休闲方式。

提高自身的道德修养。在参与游泳竞赛的过程中，游泳竞技者必须遵守共同的道德、规则和规律等。这些行为准则和规范，可以使人在学习和锻炼中渐渐内化为一种自觉性的行为和作风，从而提高自身的体育道德。此外，就一般性的游泳场所来说，在保护环境方面也会对使用者提出一定的要求和规范。在这样的要求下，会形成一种保护环境的自觉意识和行为，有助于提高自身的道德修养。

蝶泳技术 Techniques of Butterfly Stroke

在四种竞技泳式中，蝶泳是最年轻的一种泳式，它是为了提高蛙泳速度而发展起来的一种泳姿。因其空中移臂的动作很像蝴蝶展翅飞舞，故称为"蝶泳"。现代蝶泳的躯干和腿采用了一种类似于海豚游泳的波浪形摆动动作，因此又被称为"海豚泳"。蝶泳技术比较复杂，对身体的协调性及臂、腰、腹、腿的肌肉力量都有较高的要求。1956年第十六届奥运会，蝶泳被列为正式比赛项目。

从动作的外形看，蝶泳的手臂和腿的动作与自由泳相似，其区别在于自由泳的两臂和两腿动作是交替的，而蝶泳是同时的。蝶泳在划水时产生的推进力比自由泳大，但由于两臂同时划水和移臂，推进力不连贯，身体前进的速度不均匀，因此，它的速度仍慢于自由泳，是仅次于自由泳的一项快速游泳项目。

◎ 身体姿势

蝶泳时，身体俯卧于水面，头部和躯干有节奏的上下起伏波动，没有固定的身体位置。这是由蝶泳臂、腿和呼吸的特殊性自然形成的。腰部是蝶泳全身动作的枢纽，它的动作在蝶泳游进过程中起着承上（上肢动作）和启下（下肢动作）的作用。蝶泳时，躯干的波浪动作使身体在水中能保持较高的位置，也有利于臂、腿、呼吸的协调配合，但身体不要做太大幅度的波浪动作，小波浪动作有助于保持重心的平稳，保持前进速度的均匀。

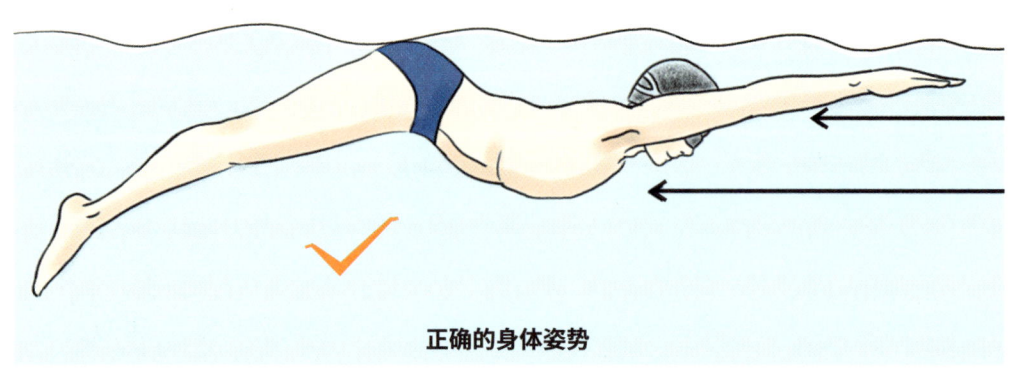

正确的身体姿势

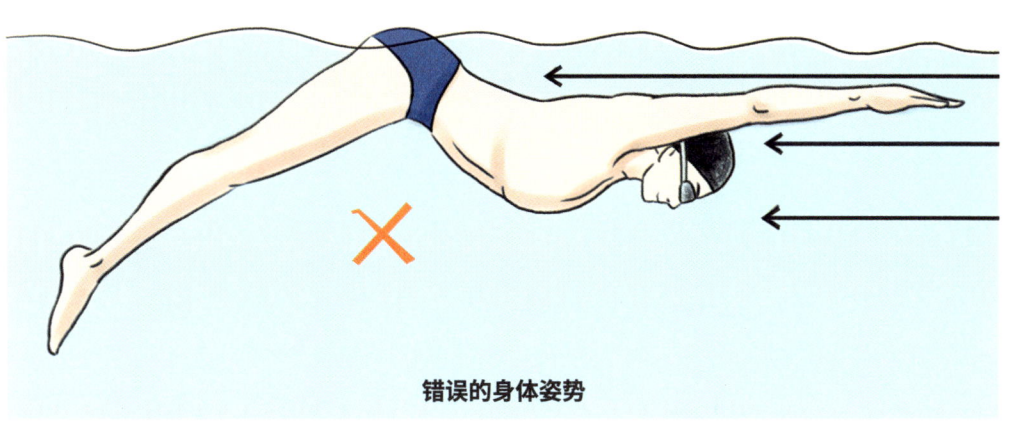

错误的身体姿势

◎腿部动作

蝶泳的打水动作是由躯干发力,经过髋、膝、踝关节的动量传递,各部分协调配合形成波浪式的动作,它对于保持良好的身体姿势以及推进身体前进具有十分重要的作用。蝶泳打水时,两腿自然并拢,两脚稍内旋呈内八字,两腿的动作应同时进行,否则即为犯规。蝶泳可将腿分解为向上踢腿打水和向下踢腿打水两部分,但向上打水和向下打水其实并没有明显界线。

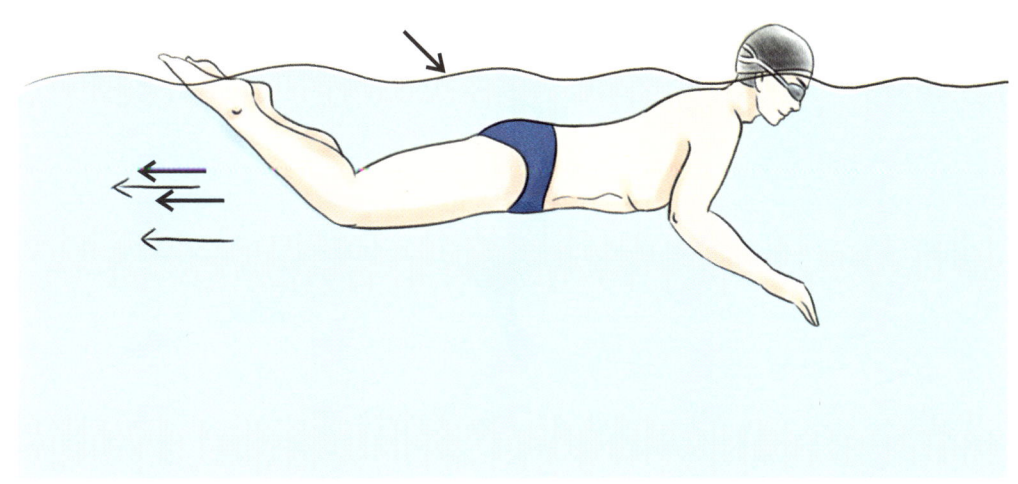

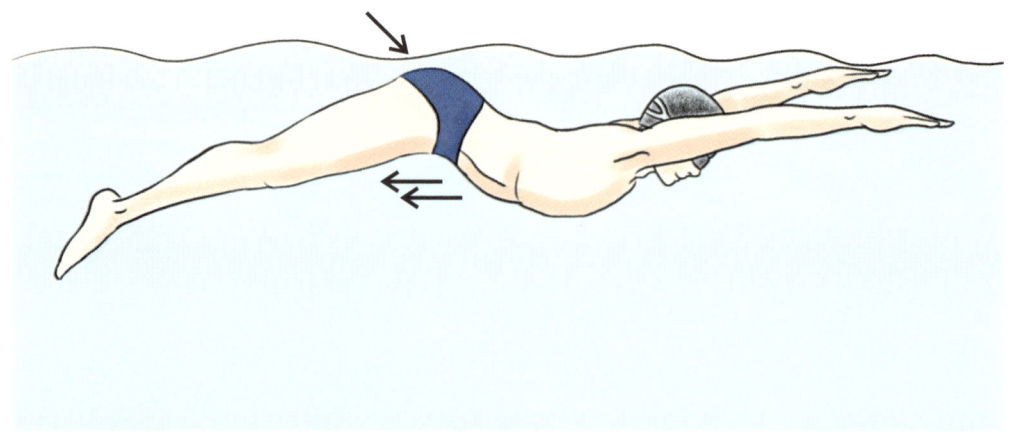

> **教练提醒**　蝶泳的腿部动作和自由泳的打水有相似之处，但蝶泳中踢腿动作对蝶泳的完整配合所起的影响比自由泳大，打水时屈膝的程度也比自由泳大。

向下踢腿打水

　　向下打水会产生部分推进力，要加速完成。随着大腿加速下压，脚和小腿在其带动下加速向后下方下打，直至膝关节完全伸直，脚处于最低点。

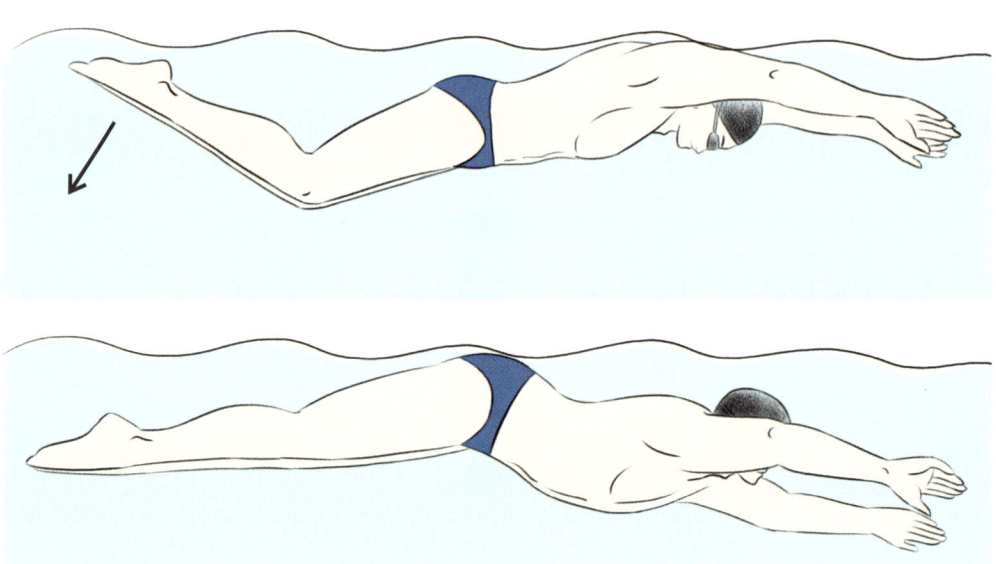

向下打水是伸膝的过程，小腿和脚加速向后下方打水。向下打水时，注意脚掌的内旋。另外，踝关节的柔韧性和灵活性对打水效果也起着重要的作用。

向上踢腿打水

向上踢腿前的最后状态为两腿前一次向下打水动作结束时的动作，此时两脚处于最低点，膝关节伸直，臀部在水面附近，髋关节弯曲。刚开始两腿伸直向上踢，髋关节逐渐伸直。当大腿上升到与躯干成一直线时，腰腹和臀部开始下沉，大腿开始下压，两脚和小腿由于惯性的作用继续向上，膝关节自然弯曲。随着大腿继续加速向下，屈膝程度增加，脚很快升至接近水面的地方，此时臀部下沉至最低点，结束向上踢腿，准备下一阶段的向下踢腿。

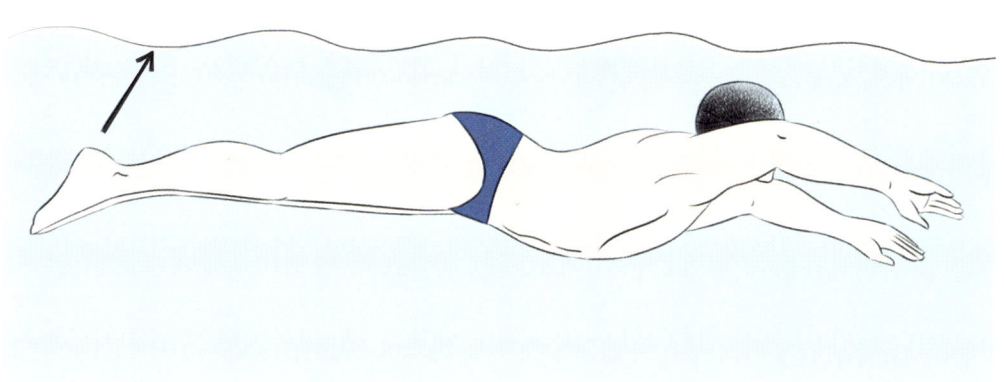

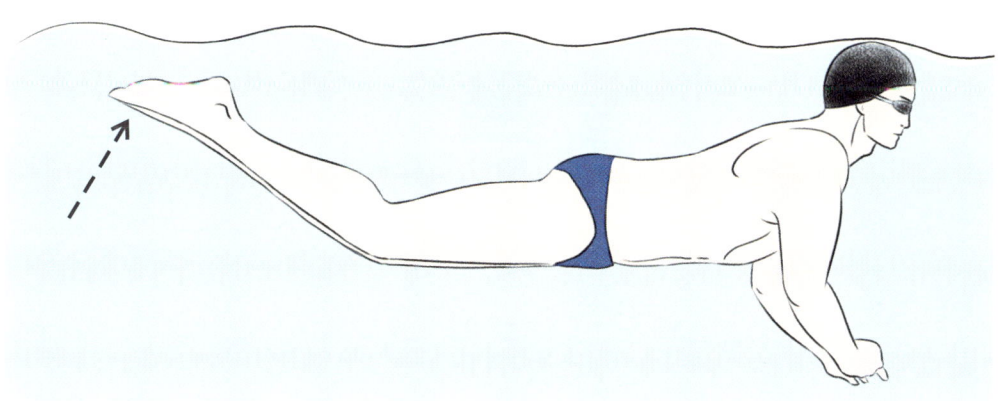

◎臂部动作

蝶泳手臂动作可分解为入水、划水、出水、空中移臂四个步骤,空中移臂之后又开始循环下一次入水动作。

入水

蝶泳时两臂正确的入水位置应该在两肩的延长线上或略窄于两肩的延长线上。两手的入水点太宽易使划水路线缩短,太窄又不利于做入水后的划水动作。手掌平放,前臂和上臂依次自然放松入水,再伸展手臂。入水时,肘关节伸直,掌心朝下。

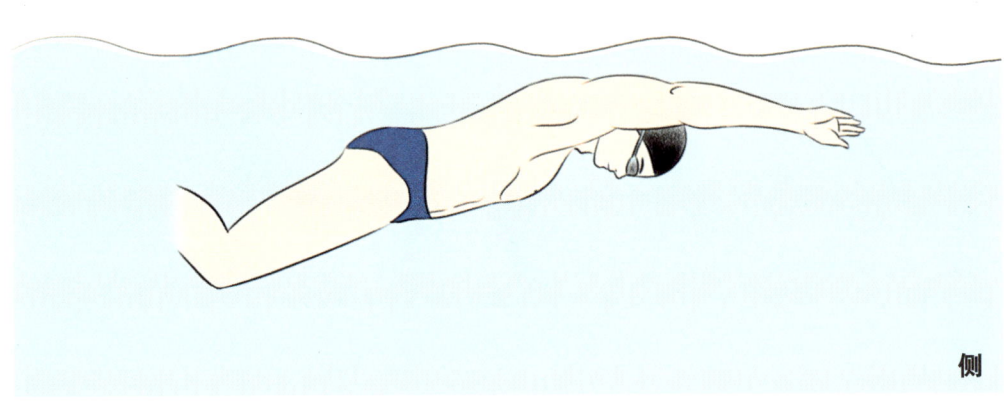

侧

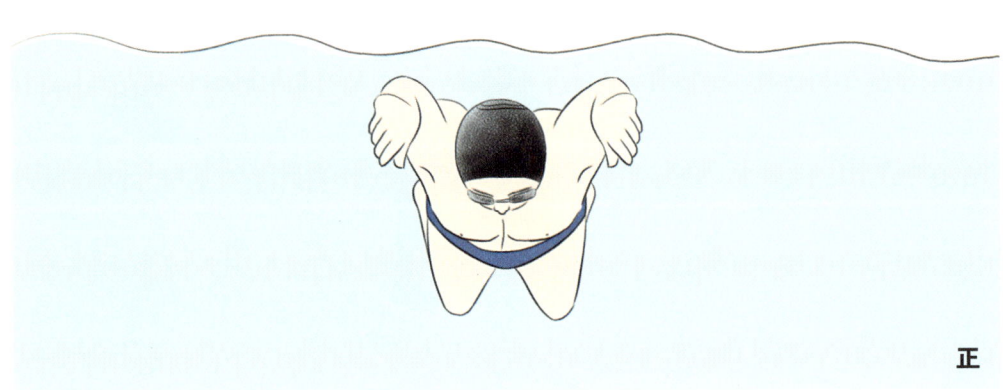

正

> 划水

蝶泳时手臂的划水产生的推进力是最大的，应用最大爆发力和最快速度完成。分为外划、内划和上划三个动作过程。

● 外划

臂入水后，尽可能沿水面向前伸肩和伸臂，两手和前臂内旋并外分，向外、向后划水。当两手外划至超过肩宽时，两手和前臂外旋，屈腕，使手掌由向外、向后变为向外、向下和向后，同时屈肘完成外划动作。

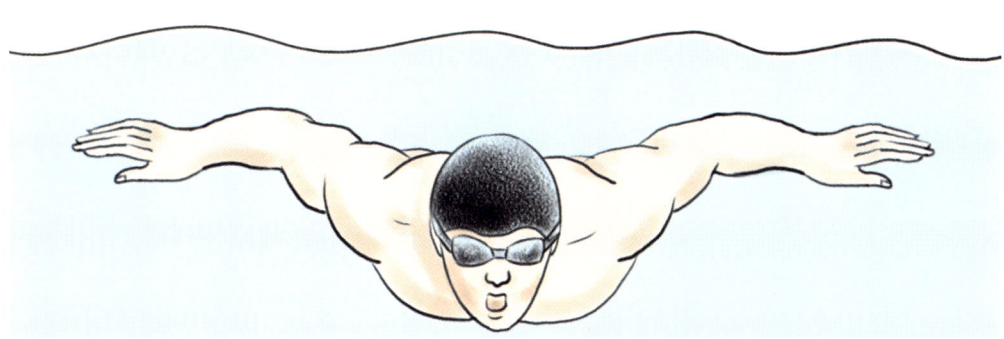

 外划动作时注意在头部前度形成高肘的姿势，这样可以使背阔肌、大圆肌等大肌肉群预先拉长，为内划和上划做好准备。

● 内划

外划结束后,手臂继续屈肘,并保持高肘姿势,手的运动方向由向下、向外、向后转为向内、向下和向后,进入内划阶段。当手臂划至肩的下方时,肘关节缓缓弯曲成90°~100°,两手之间的距离最近,此时内划结束。

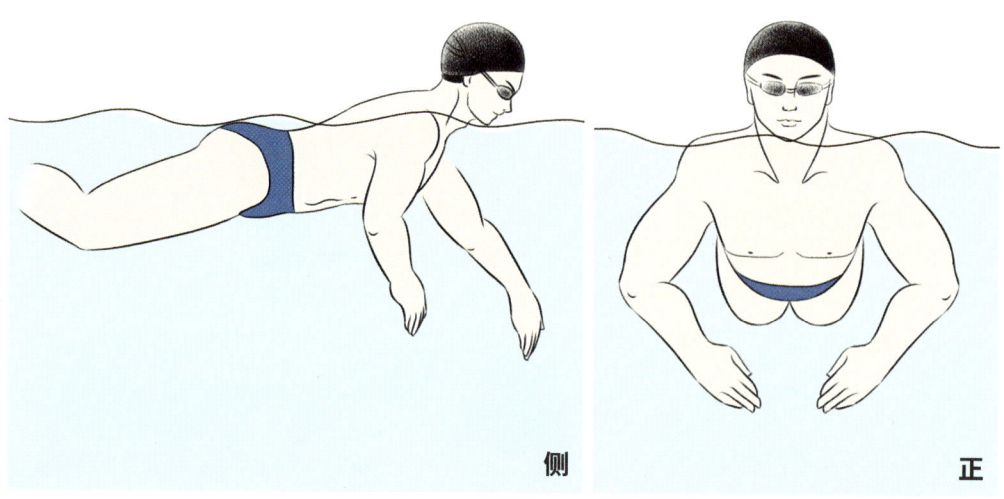

侧　　正

● 上划

上划时,手臂内旋,手掌划动的方向转为向外、向上和向后方的划动。上划是推水动作,划水要逐渐伸肘、伸腕,使前臂和手尽量保持对水。当手划到大腿两侧时,划水动作结束,转为出水。

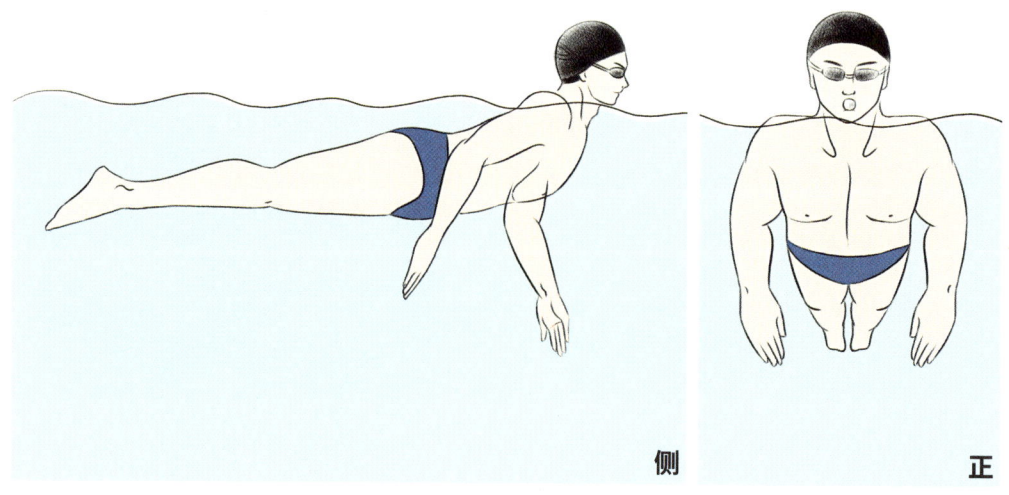

侧　　正

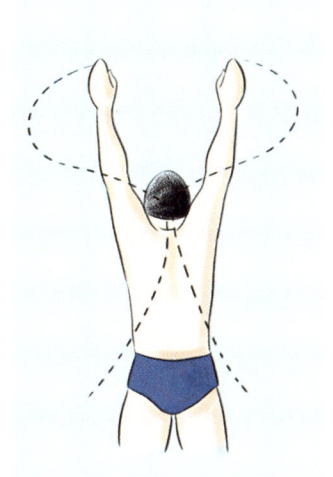
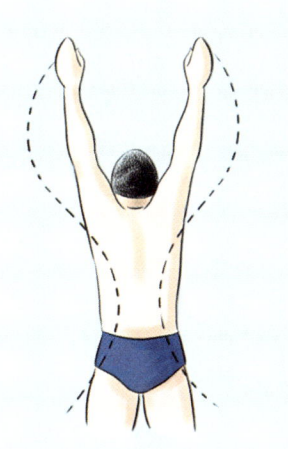

**教练提醒** 手在水下的移动轨迹，在水平面上看很像两个相对的"S"形。因此，人们把这种划水路线称为"双S形"，也叫作"钥匙洞"或"漏斗形"。

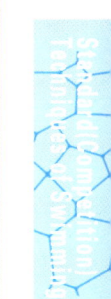

出水

在上划尚未结束时，肘已经露出水面。当两手划至大腿两侧时，利用手臂推水的惯性，肩带动手臂，略屈肘，按上臂、前臂和手掌的顺序迅速提肘出水。出水时，为了减少水的阻力，手掌向内，从小指开始抬起。

侧

教练提醒 蝶泳时划臂的上划和出水都是很圆滑的动作，如果手划得太后就会觉得出水很困难，并影响之后的移臂。

正

空中移臂

手臂出水后,由于肩的带动,手臂在身体两侧沿低平的抛物线经空中向前摆动到头部前,准备做下一个周期的入水动作。在移臂的过程中,肩应该露出水面,手臂自然伸直,前臂和手腕自然放松,手掌朝下,由上臂带动前臂前摆。由于蝶泳两臂是同时向前移动的,故采用低平的自然直臂姿势,从两侧向前甩臂,效果比较好。

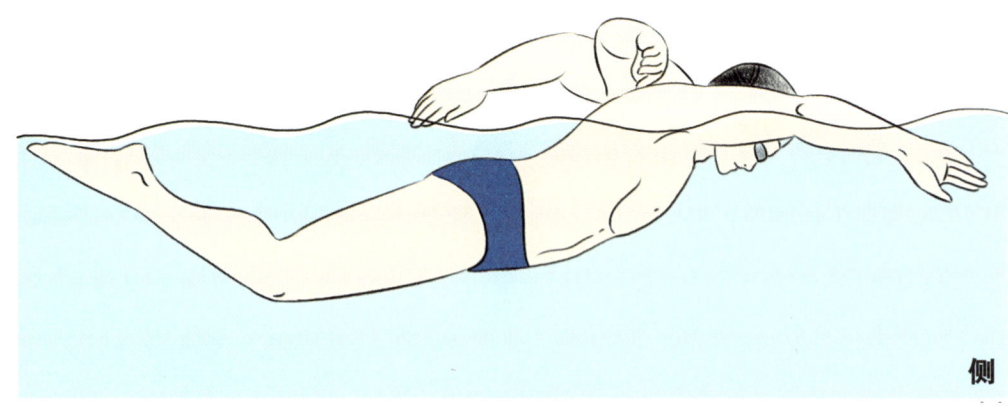

侧

正

◎呼吸与臂的协调配合

具体呼吸步骤为：抱水抬头吸气，伸手低头身体上抬憋气，下沉低头呼气。

1

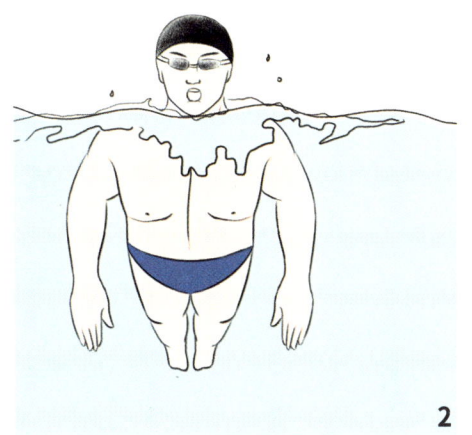
2

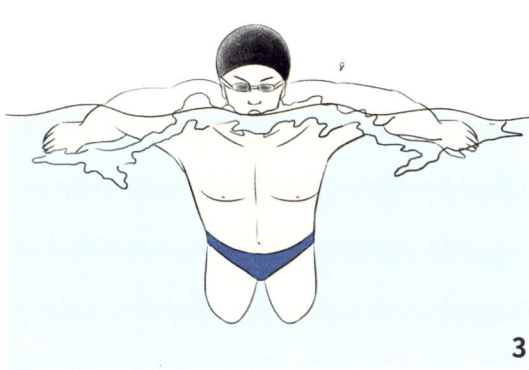
3

4

◎完整配合

划水抬头时第一次打水；伸手低头时第二次打水。

教练提醒：由于躯干的波浪动作，蝶泳完整配合要求动作准确且节奏感好，臂、腿、躯干需要协调发力，所以肩部和腰腹要有较强的力量，并具有良好的柔韧性才能游得快。

◎常见错误及纠正

●外划时手掌向下

外划时手掌向下、向外划水，会把水推向下方。向下的推力使身体与头部抬出水面，增大阻力，影响前进速度。

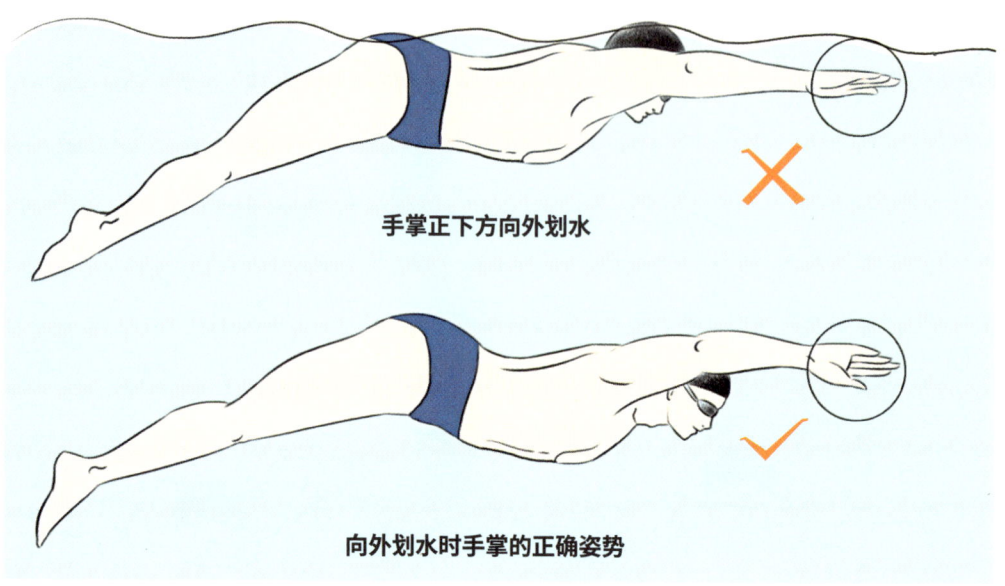

手掌正下方向外划水

向外划水时手掌的正确姿势

●内划时手掌向内的角度不足

向里划水时，如果手掌角度不够，后方的水流的推动力会变弱；如果在与水面平行的角度划水，手掌只是在水中滑行，不会产生推动力。手掌向内划水才是正确的。

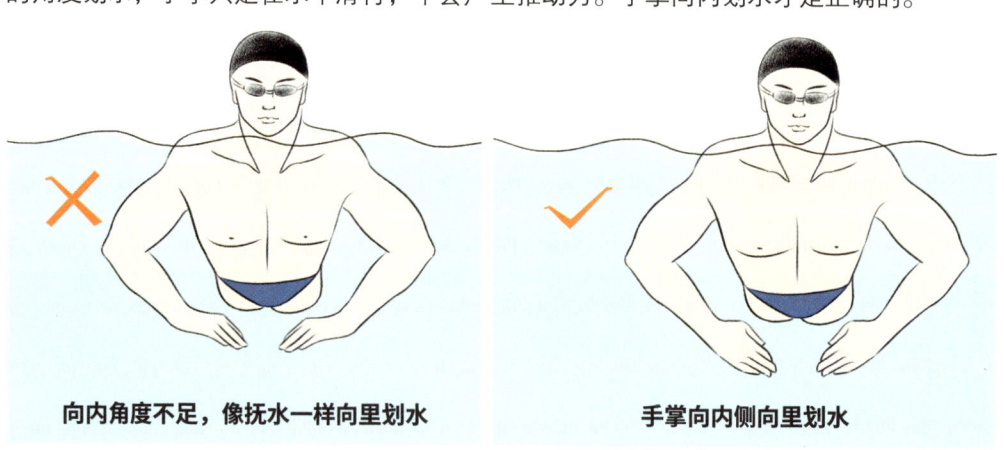

向内角度不足，像抚水一样向里划水

手掌向内侧向里划水

● **出水时手掌向上**

因为想划水划到最后,有人在划水的最后阶段手掌仍然向上。手掌向上出水,会把水往正上方推,从而使腰下沉,导致游进速度减慢。手掌应在大腿旁边时转向内侧。这样,就不会向上推水,从而小指能够领先出水。

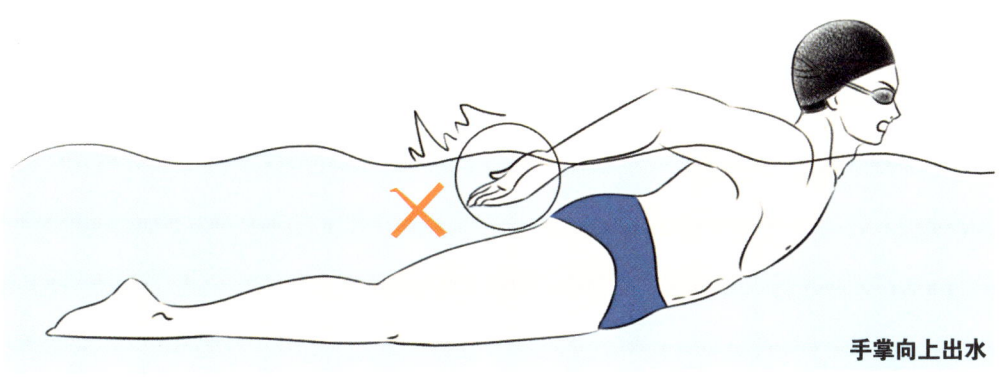

手掌向上出水

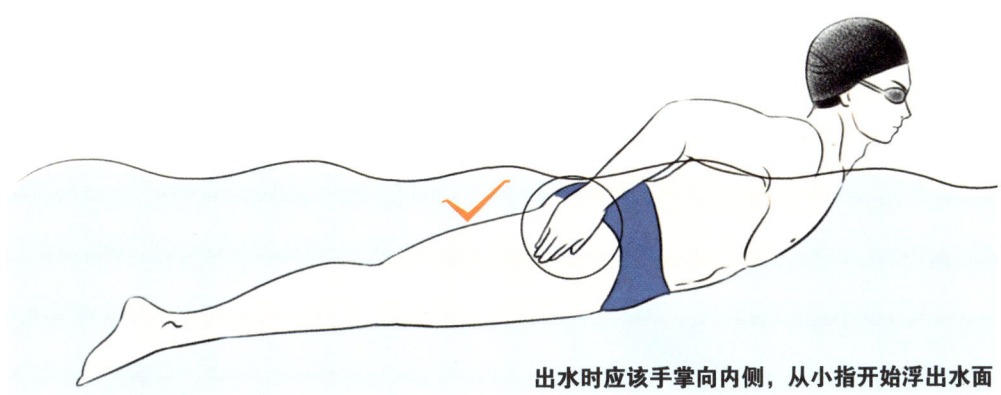

出水时应该手掌向内侧,从小指开始浮出水面

● **下踢时脚背向下**

下踢腿时脚背不能向下,这样会使腰抬起,应绷直脚背,放松脚踝,柔和地踢。

脚背向下　　　　　　　　　　　正确的下踢动作

●上踢时屈膝、脚掌向上

上踢时如果膝盖弯曲,膝部不够放松,就会导致大腿不能抬到接近水面处,从而使推动力向反方向作用,减慢速度。而脚掌向上会导致腰下沉,进而破坏身体的水平状态,增大阻力。应伸直腿、腿背绷直上踢。

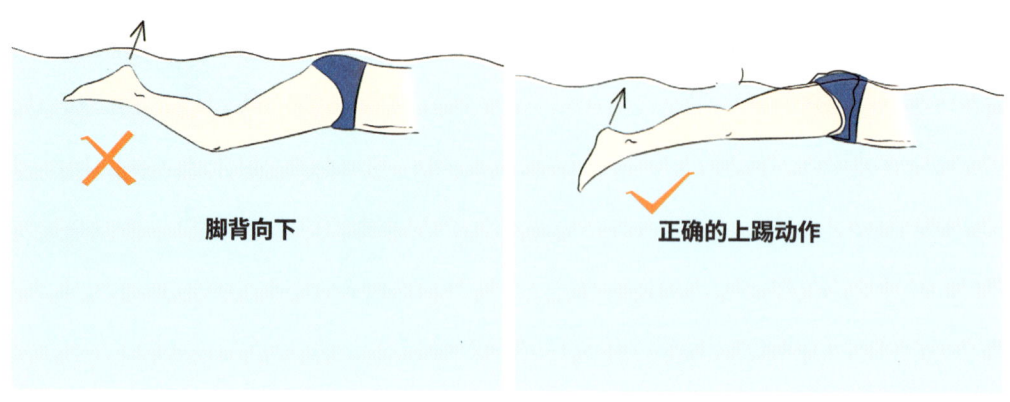

●抬头呼吸时头部向上或向后缩

头部向上或向后缩是呼吸时最容易犯的错误,向上或向后的动作会产生阻力,致使速度减慢。正确的呼吸应该将头部和肩向前伸,伸出下颌,像往前飞一样,露出口、鼻进行呼吸。

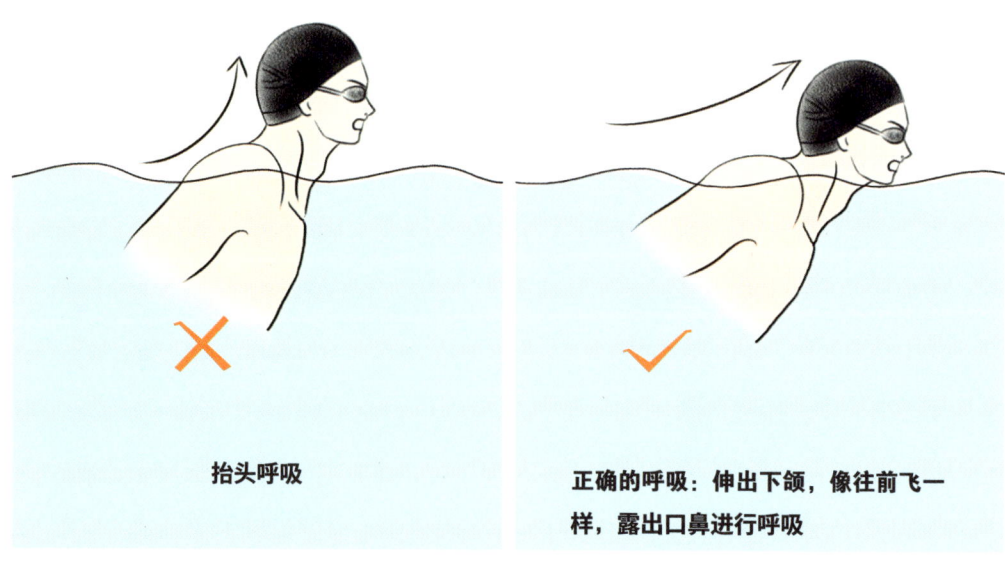

出发技术 Techniques of Starting Dive

游泳比赛的开始称为"出发",出发好能形成领先的优势。在现代游泳比赛中,常以 0.01 秒决定胜负,因此,掌握良好的出发技术是取得胜利的关键因素之一。在竞技游泳比赛中,自由泳、蛙泳、蝶泳的出发可以是相同的,仰泳则是完全不同的。出发分为两大类:一类是出发台出发,有抓台式和蹲踞式,为自由泳、蛙泳、蝶泳和个人混合泳比赛时采用;一类是由水中出发,为仰泳采用。初学出发动作时,游泳者要在较深(最好有 2 米以上)的水域中进行,以免发生头部撞到池底的事故。

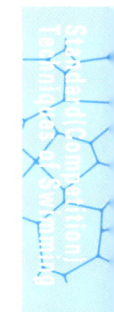

◎抓台式出发（原地出发）

抓台式出发的特点是起跳稳定，离台早，入水快。

预备姿势

上体前屈，双膝微屈，重心稍向前倾。两脚脚趾扣住跳台，两手抓跳台下沿，手位于两脚间或两侧。两眼看下方，两臂放松。

起跳

听到出发令后，两臂迅速往上推跳台，使身体向前伸出，有即将落入水中的感觉。紧接着双臂前摆，当重心移至与支撑点成45°角时，迅速用力蹬离出发台。

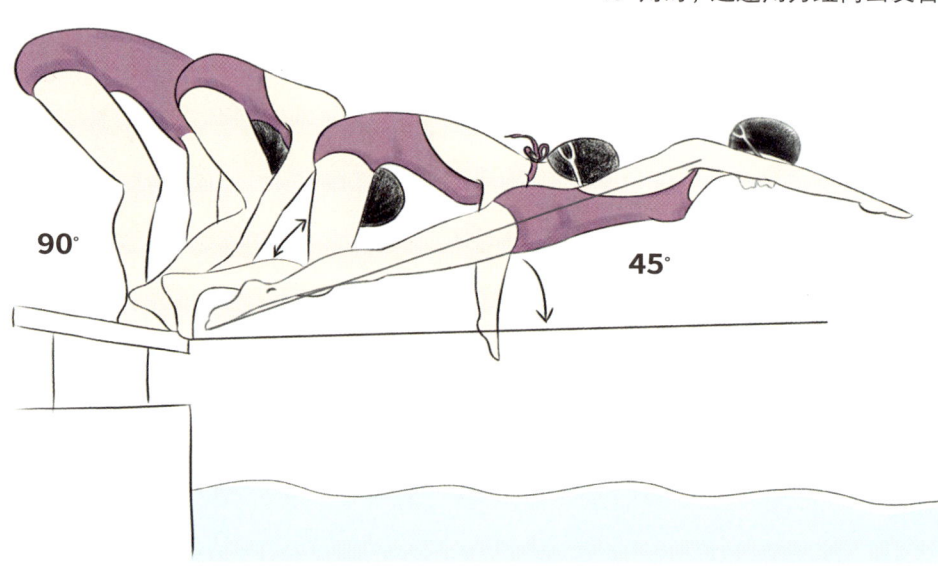

腾空与入水

蹬离跳台时，手臂向下伸直，头部稍低夹在两臂之间。紧接着身体完全伸直，向正前方呈流线型以与水平呈 45° 飞出。通过最高点时，腰部弯曲入水，入水角度为 10°~20°，入水时注意由手领先入水，尽量从手到脚在一点入水。

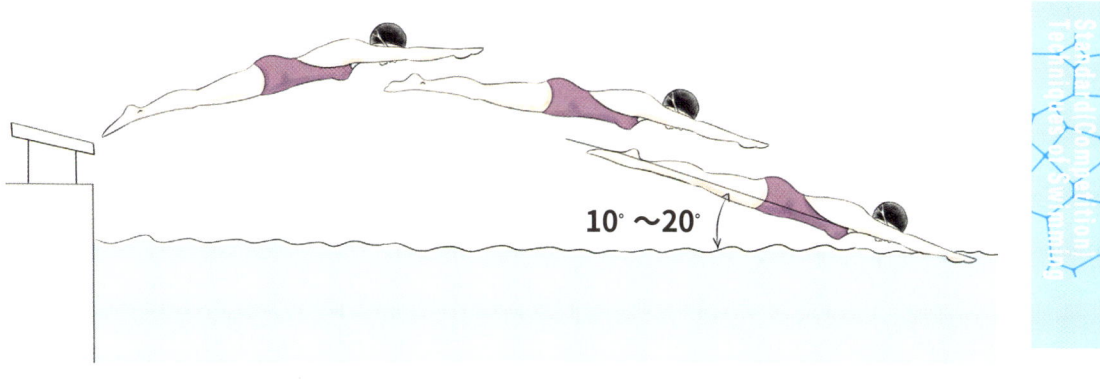

滑行与开始游泳

入水后，挺背，身体朝前伸，利用惯性向前滑行。当感觉速度下降时，立即踢腿并划水，升到水面时开始向前游。

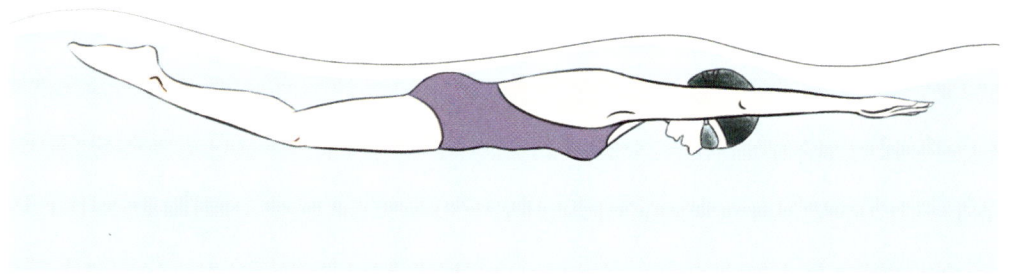

教练提醒　如是蝶泳，可在水下做海豚式打腿，但规定打腿的游进距离不得超过 15 米（以头部为准）就得上升至水面游进。如是蛙泳，则可以做一次长划臂动作和一次蹬腿动作，再上升到水面游泳。在短距离游泳项目中，跳水后第一次划水过程中不呼吸。

◎ 蹲踞式出发（起跑式）

预备姿势

两脚前后开立，前脚脚趾扣住跳台，重心放在后腿上，身体往后倾。手抓出发台前端。头部向下。

起跳、腾空与入水

出发令发出后，用力往上拉跳台，使身体前倾。紧接着手前摆，后脚用力后蹬。当躯干移出台面时，前脚用力加速后蹬，然后两腿并拢，身体展开入水。

教练提醒

蹲踞式入水是从田径的短跑起跑中借鉴过来的,又称为"起跑式",它适合一条腿力量较大者使用。蹬的角度以及身体高度与抓台式入水相比要低得多。

◎ 仰泳的出发技术

预备姿势

等待准备令时,在水中面向池壁,双手握出发台拉手,两腿屈膝,前脚掌贴池壁,两脚稍分开(平行或一高一低都可以)。脚趾可以露出水面,两臂伸直放松,臀部浸在水中。听到"各就位"口令后,两臂屈肘提拉身体,使身体部分升出水面,并低头、屈膝且臀部靠近脚跟。

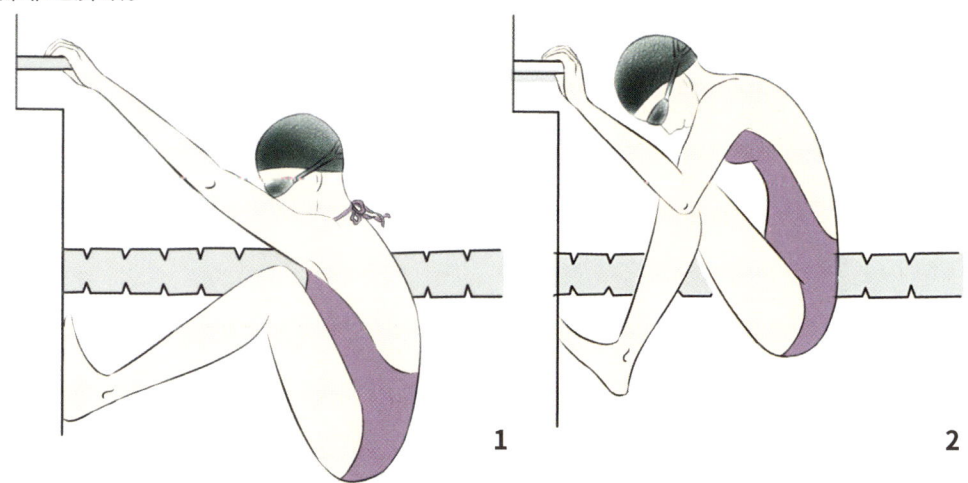

1　　2

起跳

听到出发指令后,身体稍向上拉起。两膝用力伸展,两手推出发台使身体向上离开,然后两臂伸直,两腿用力蹬池壁,两臂从体侧向后摆动。随着两臂推出发台拉手,头部也向后甩,使身体更好地展开,也便于更有效地蹬离池壁。

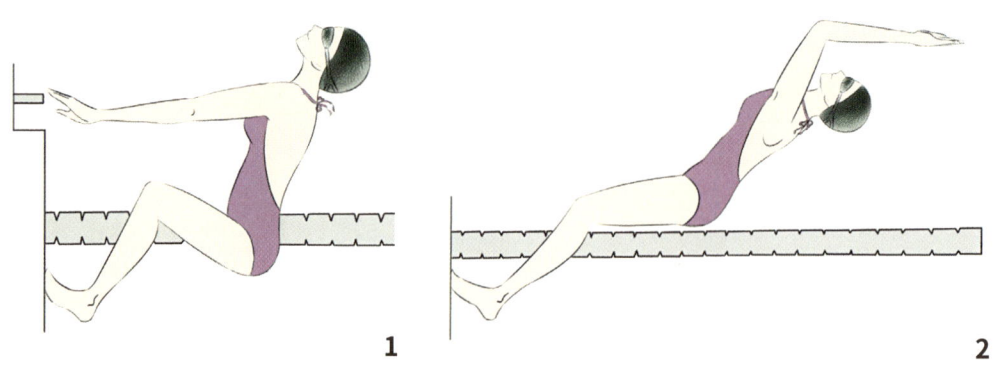

腾空与入水

腾空时稍挺胸、挺腹,两臂由体侧摆到将头部夹在中间的位置,身体呈反弓形入水。入水时脚向上,尽量争取全身由一点入水。

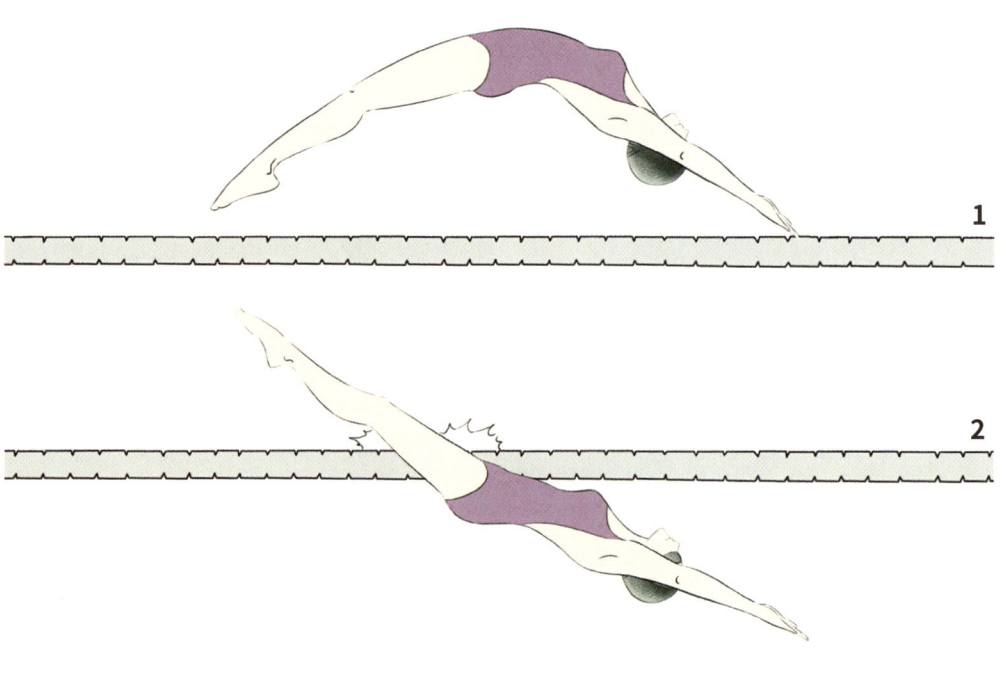

滑行与开始游泳

入水后立即低头、收下颌，使身体展开，在水下滑行。当速度开始下降时，立即踢腿并划水，上升到水面开始向前游。目前比较流行的是入水以后，在水中踢海豚式腿潜水一段距离后，再出水面游泳。

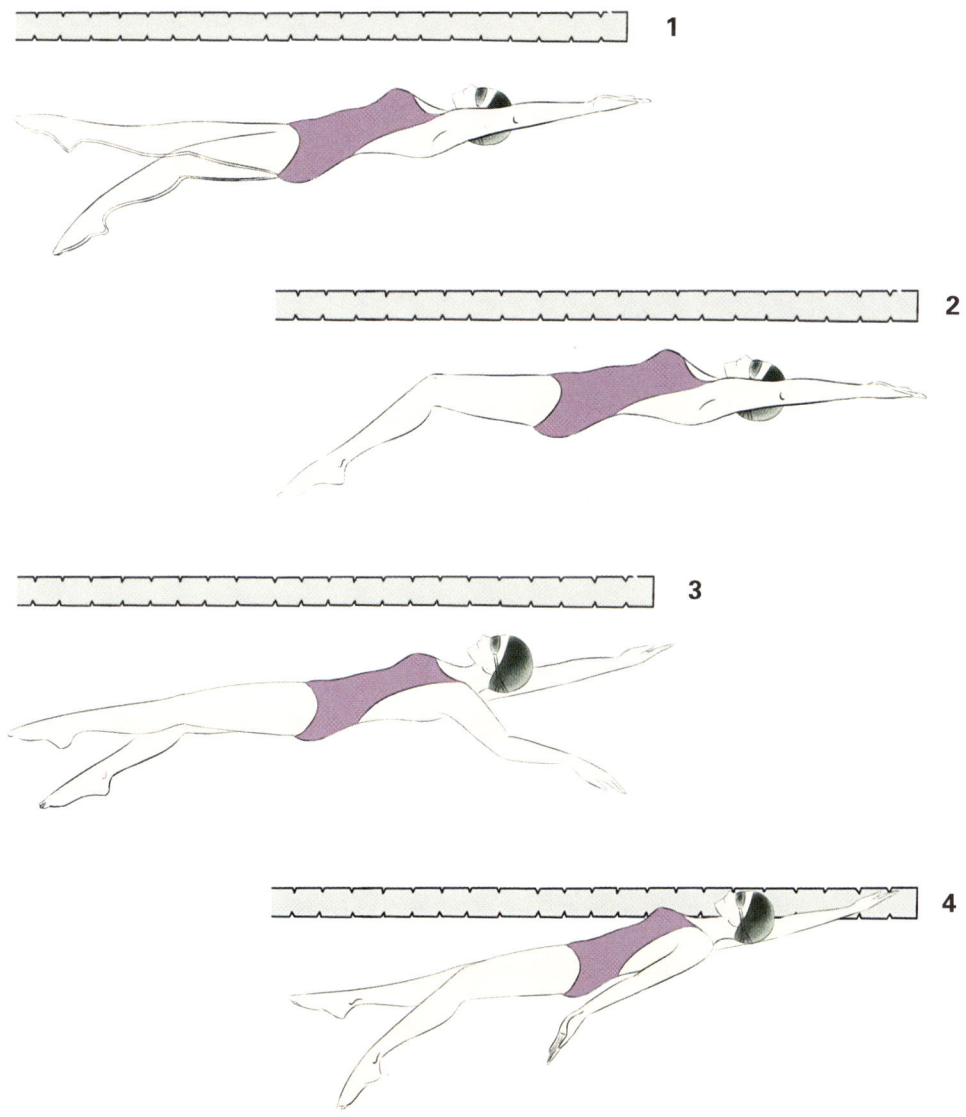

◎常见错误及纠正

●抓台式入水时身体呈水平状态

入水时的轨迹不应是水平状态，而应呈弧形，这样比水平跳水跳得更远，而且能够保持全身在一点上入水。这样既可减小入水后的阻力，又能加快入水后的速度。

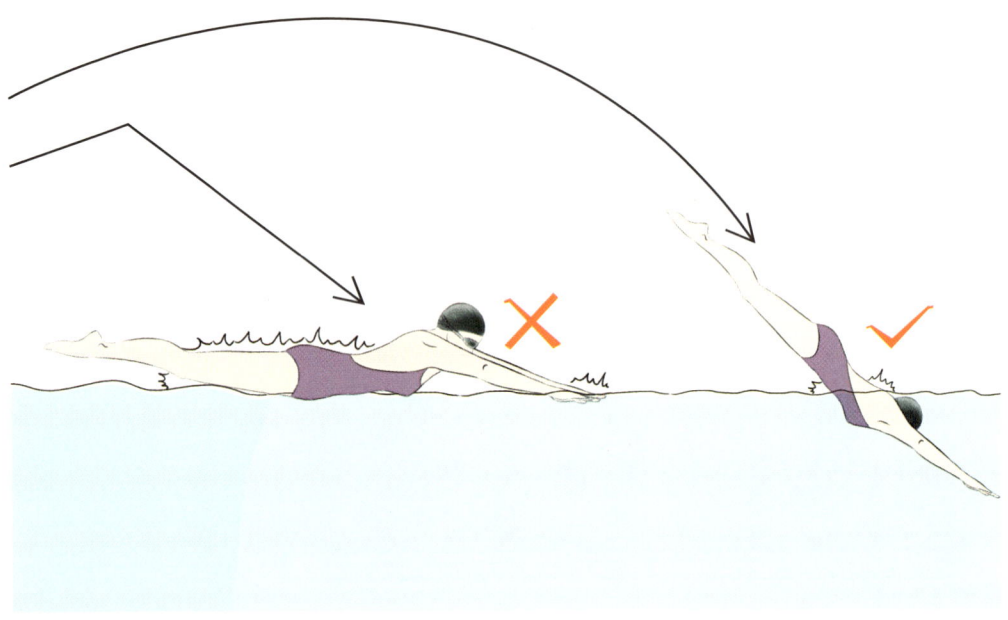

●仰泳时身体入水过深

头部过于后仰是导致这一错误的直接原因。入水后手臂应适当上扬，并微收下颌。

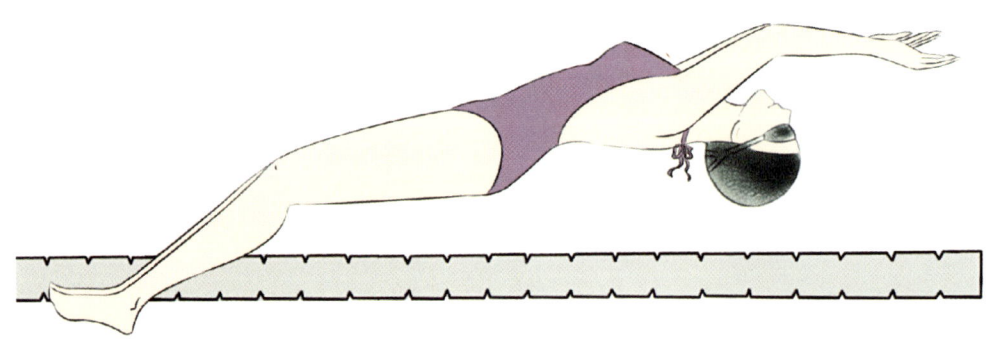

游泳运动的发展史

游泳运动朝专业化、竞技化发展，兴起于19世纪初的欧美发达国家。工业发达的英国在1837年首先成立了全国游泳协会，并在人工泳池中举行了正规的游泳比赛。1888年，法国教育家皮埃尔·德·顾拜旦提出恢复奥林匹克运动会的建议，得到了许多国家的支持。1896年，首届现代奥林匹克运动会在希腊举行。在这届奥运会上，奥林匹克委员会成立，并决定每四年举行一次奥林匹克运动会。游泳被列为奥运会的竞技项目之一，但当时只有男子100米、500米和1200米自由泳三个比赛项目，而且也没有专门的比赛场地。参加比赛的只有丹麦、德国、希腊、匈牙利、瑞典和美国6个国家的26名选手。匈牙利人海奥什获得奥运历史上的第一个100米自由泳冠军，成绩为1分22秒2。

1900年第二届巴黎奥运会，游泳比赛项目增加了仰泳、障碍泳和潜泳。1904年第三届圣路易斯奥运会，游泳比赛开始在人工游泳池举行。障碍泳和潜泳项目被取消，同时加入蛙泳项目。1908年第四届伦敦奥运会，国际业余游泳联合会（International Swimming Federation，FINA，简称国际泳联）成立，审定了各项游泳世界纪录，并制定出国际游泳比赛规则。游泳比赛共设6个项目，6枚金牌得主的成绩成为现代游泳史上该项目第一个正式世界纪录。1912年，第五届斯德哥尔摩奥运会，女子100米自由泳和女子4×100米自由泳接力两项首次被列为奥运会正式比赛项目，女子游泳由此正式成为奥运会比赛项目。1952年，第十五届赫尔辛基奥运会，蛙泳和蝶泳被分成两个单项进行比赛，从此竞技游泳发展成四种泳式。此后比赛项目逐渐增加，1996年第二十六届亚特兰大奥运会，游泳比赛项目达到32项，成为奥运会上令人瞩目的大项之一。

随着游泳运动的不断发展，国际泳联认为四年一度的奥运会游泳比赛间隔时间太长，决定在奥运会之间增添世界游泳锦标赛，并于1973年举办了首届世界游泳锦标赛。从1990年起，国际泳联开始举办世界杯短池游泳系列赛，到1993年又增加了世界短池游泳锦标赛。

转身技术 Techniques of Open Turn

游泳比赛大多是在 50 米或 25 米长的游泳池中进行的，运动员游到池端后，必须折返继续游进，这一折返动作就称为转身。转身是游泳比赛的一部分，比赛距离越长，转身次数越多。在比赛中转身是提高速度的机会，转身动作的技术质量好坏会直接影响比赛成绩。以下介绍四种基本泳姿的转身技术。

◎ 自由泳的转身技术

游泳比赛的规则规定，自由泳转身时，可用身体的任何部位触池壁。目前常见的有前翻滚式和平转式两种。

前翻滚式

前翻滚式转身是各种泳式中转身最快的一种技术，有先翻后转、翻中有转两种方式。

● 先翻后转的前翻滚转身技术

在游近池壁时身体先绕冠状轴前滚翻，呈仰卧姿势蹬出，在滑行过程中再绕纵轴转动约 180° 呈俯卧姿势。

● 翻中有转的前翻滚转身技术

在游近池壁时，身体在绕冠状轴滚翻的同时伴有绕纵轴的转动，蹬离池壁时身体呈侧卧位。

1

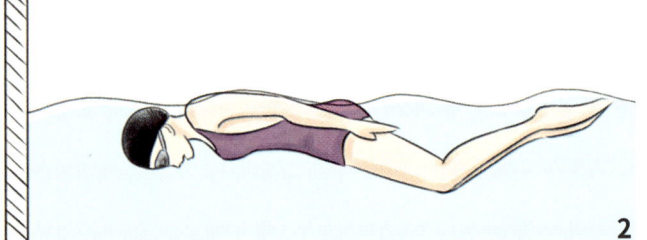

2

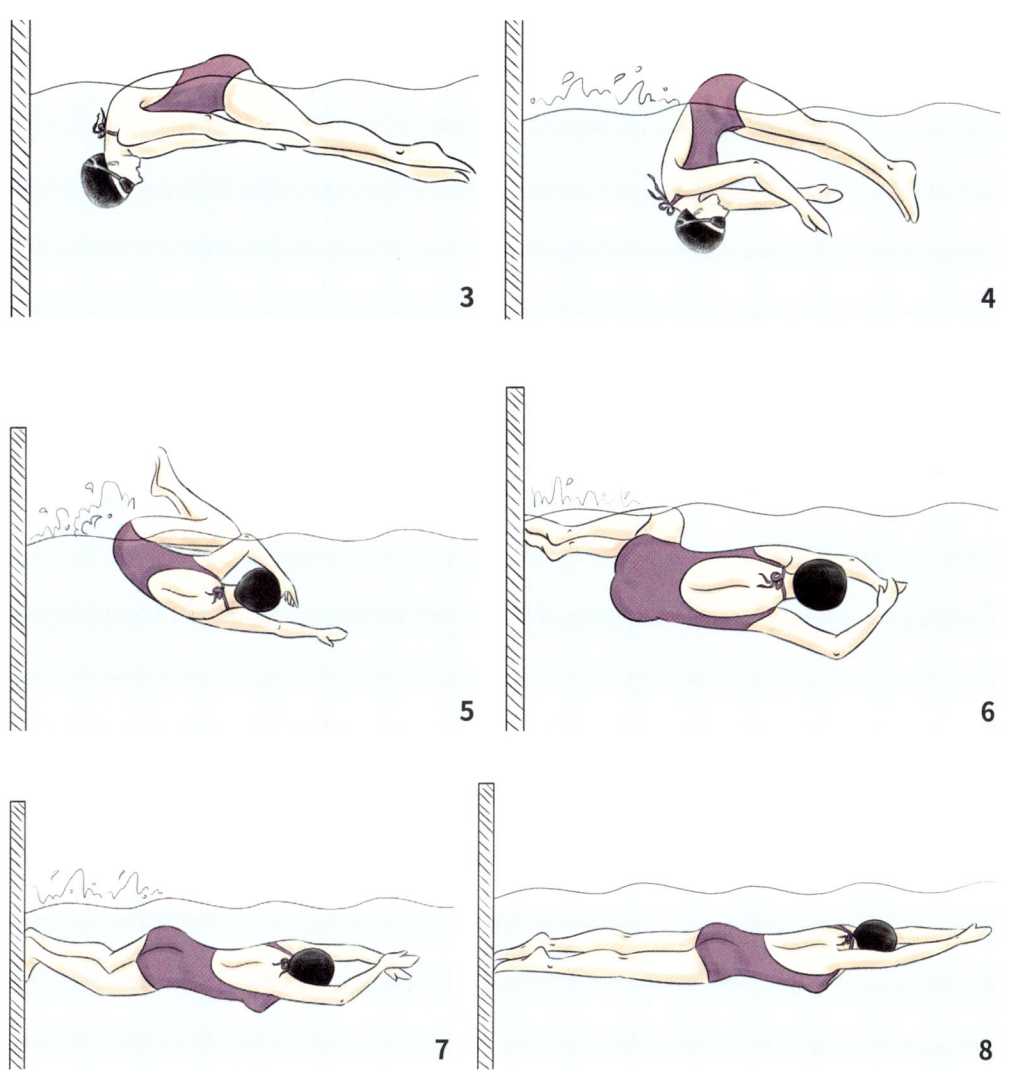

● **前翻滚式转身的技术关键**

　　当头部与池壁之间的距离与身高相近时，做最后一次划水动作，使两臂划到体侧，借助向后划水的速度和反作用力低头，两手掌向下，两腿并拢屈膝做一次海豚腿帮助臀部向上提起，两手下压；身体继续翻转，使头部与臀部在一条直线上并与水平面垂直；一手向头部划水，另一手做小幅度的环行划水配合身体绕纵轴转动，蜷身、屈腿，两脚出水向后甩向池壁，两脚的位置一高一低，双手在头部前并拢前伸，两腿用力蹬离池壁；蹬出后边滑行身体边绕纵轴转动呈俯卧姿势。

🏷️ **平转式**

平转式转身速度不如前翻滚快，但简单易学、省力，能保证呼吸节奏，常为初学者和游泳技术水平低的运动员采用。以右手触壁的平转式转身为例：

手触壁后屈肘，抬头部，身体由俯卧姿势向直立姿势转变，并逐渐屈膝蜷身，靠近池壁；手臂向左用力推池壁，同时身体绕纵轴旋转约 180°，继续屈膝使两脚掌抵住池壁；两手前伸，低头没入水中，两脚用力向后蹬池壁，以流线型蹬出滑行，滑行速度开始下降时踢腿打水起游。

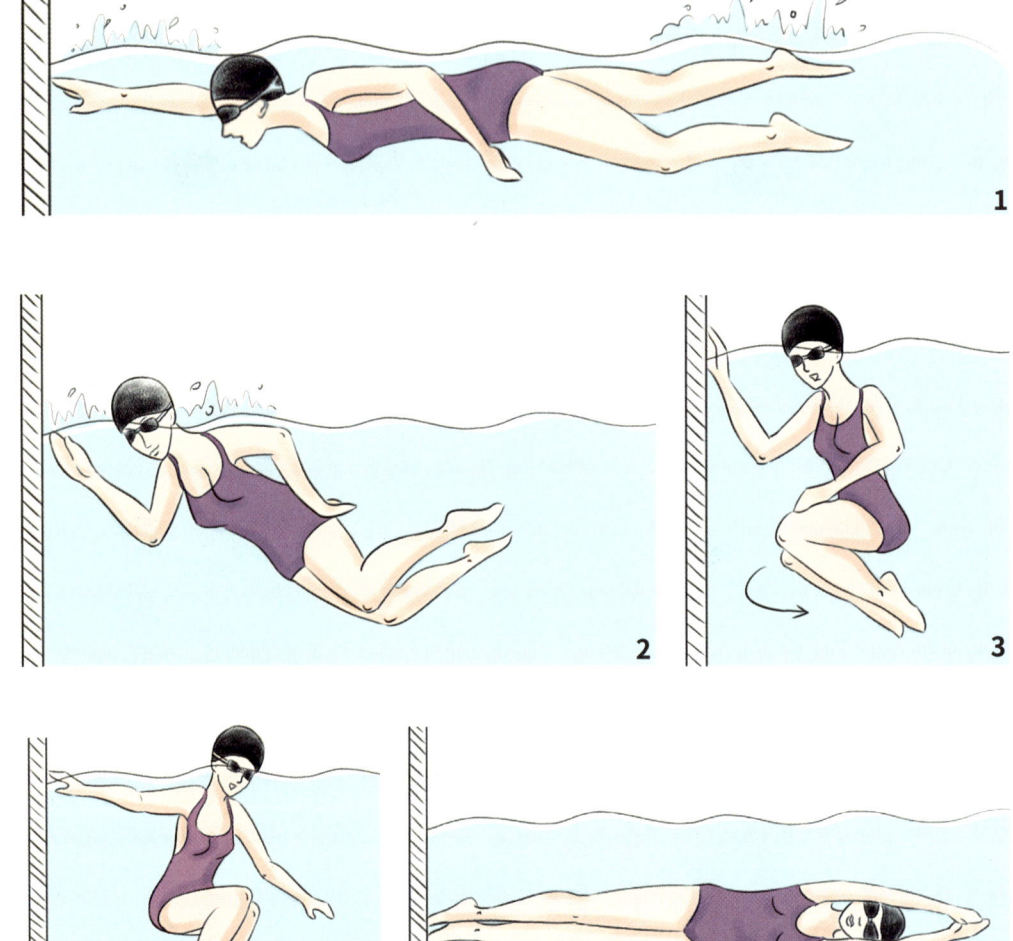

◎仰泳的转身技术

仰泳的转身规则目前已修改为"由仰面朝天到面部鼻孔朝下的转身动作来改变身体的方向,手可以不触壁"。

平转式

当运动员游过仰泳转身标志线(一般为游泳池上悬挂的旗绳,距离转身端5米)时,应注意做好转身准备。触壁时应偏向头部的左前方,头部和肩像舵一样绕冠状轴向左转动,带动躯干和下肢向右转动;触壁后,右手臂屈肘并向右用力推池壁,帮助头部和肩向左转动,同时蜷身屈膝,以髋关节带动腿向右摆动;两脚触池壁后,两臂在头部的前方并拢伸直,两腿用力向后蹬离池壁,身体呈流线型滑行接仰泳,头部露出水面接划水动作。

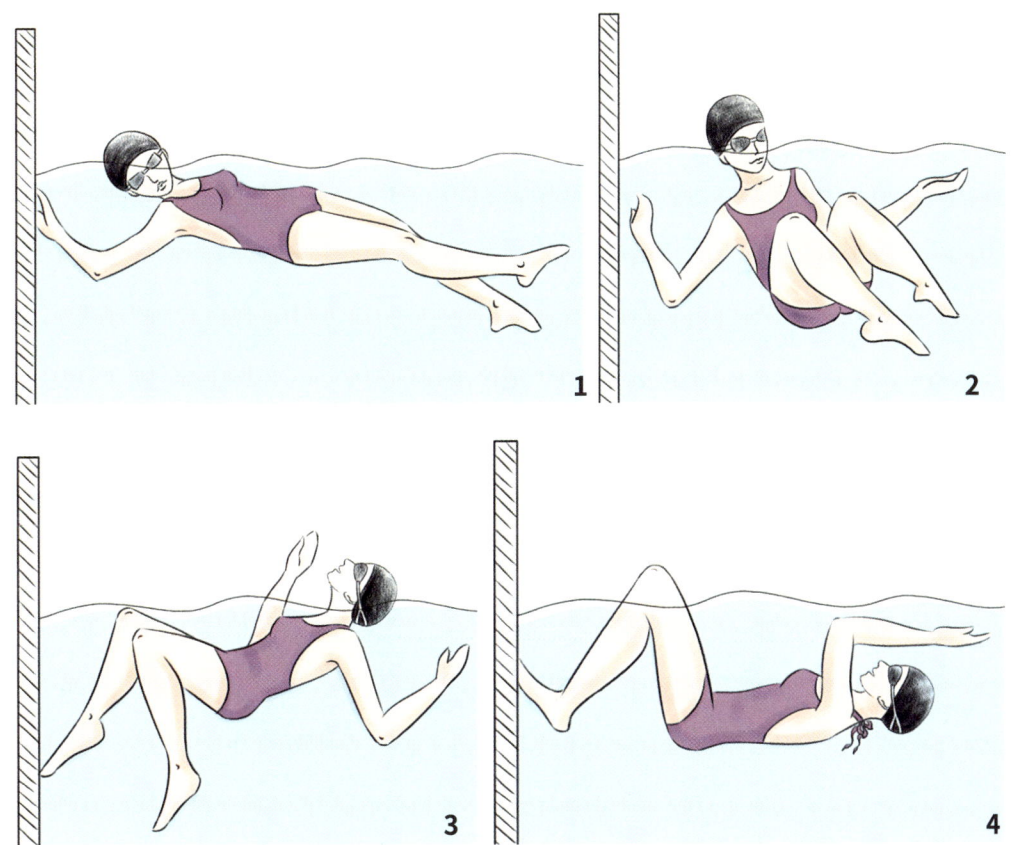

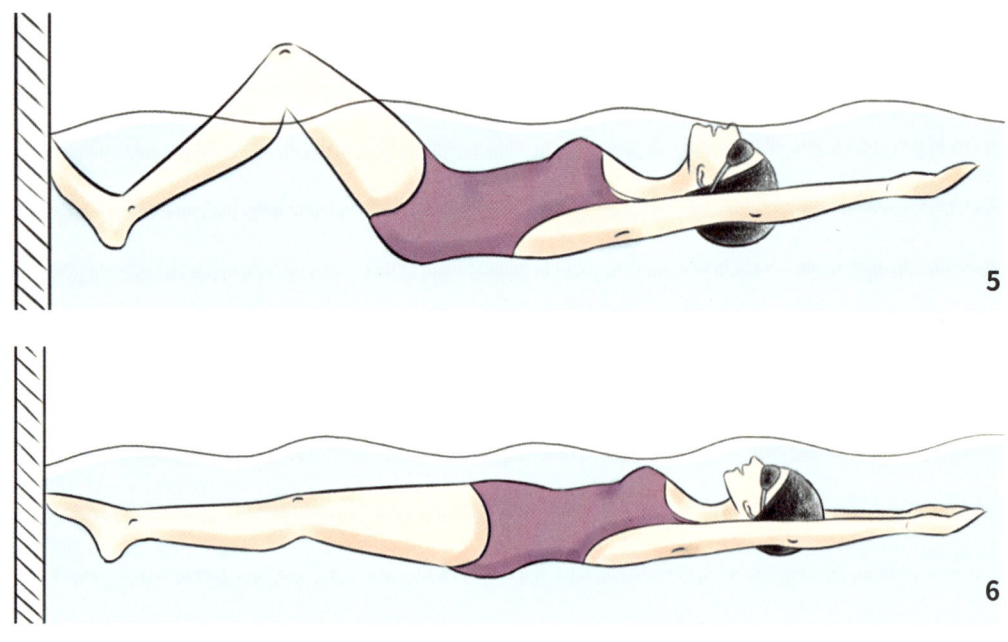

翻滚式

　　仰泳翻滚式转身比较难掌握,在游泳比赛中常易犯规,需用心体会、反复练习。当身体游过仰泳转身标志线后开始调整动作节奏,准备转身。在滚翻之前身体先绕纵轴翻转为俯卧姿势。以向左翻转为例,右手划完最后一个动作后,左手一边快速短距离划水,身体一边绕纵轴翻转。当身体转过垂直位置时,左手划水基本结束。右手屈臂从体侧由空中移到头部前,此时身体已基本成俯卧位。右手向后划水协助滚翻,低头蜷身,屈膝,身体绕冠状轴向前正滚翻,当两腿甩向池壁时,两臂伸向头部前,脚掌抵住池壁,屈膝,身体呈仰卧姿势,然后身体稍下蹲,两脚用力蹬离池壁,两臂在头部前伸直并拢,身体呈流线型滑行。起游动作和平转式转身相同。

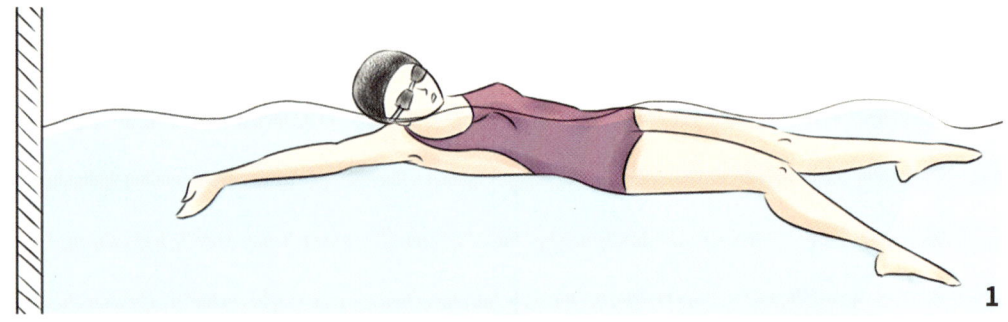

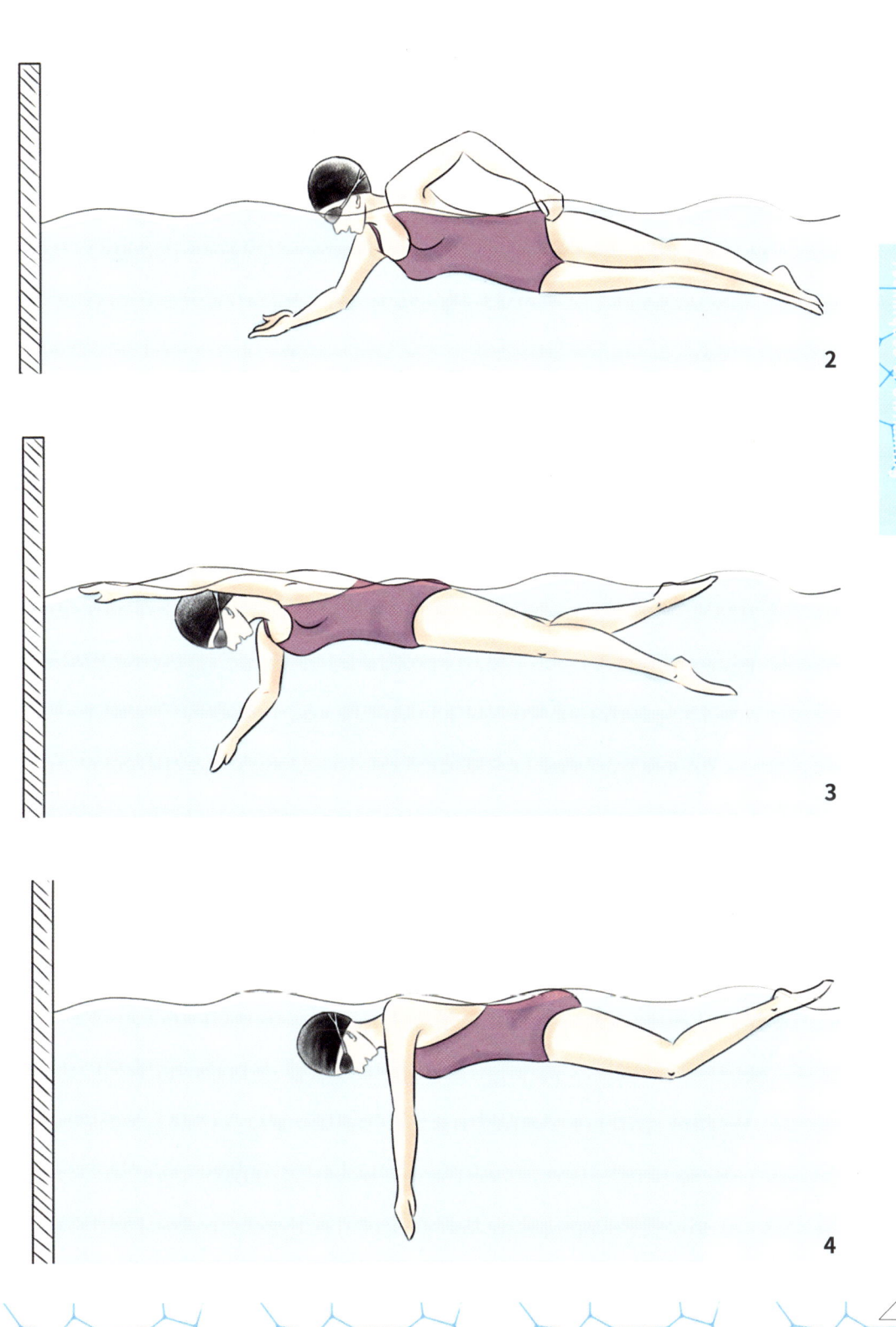

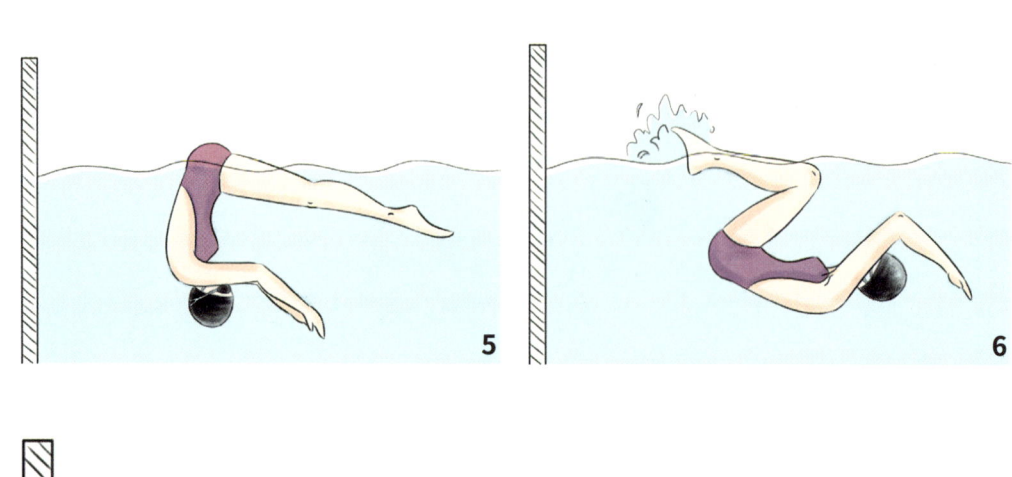

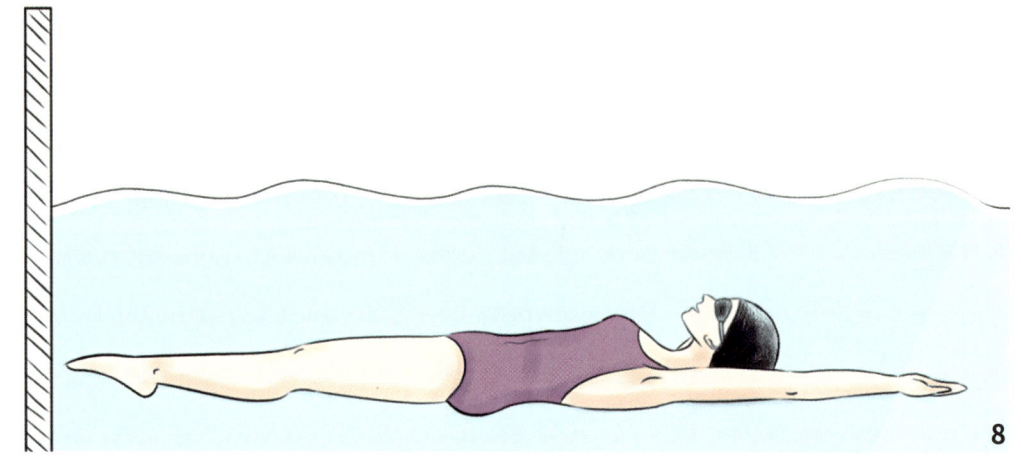

108 游泳入门与实战技巧

◎ 蛙泳和蝶泳的转身技术

蛙泳、蝶泳的转身有些相似。规则规定，蛙泳与蝶泳转身时必须两手同时触壁，触壁时两肩应在同一水平面上。蛙泳转身后可做1次手、1次腿的潜泳；蝶泳转身后两腿可在水下踢腿打水多次。这里介绍蛙泳和蝶泳的平转式转身技术。

游近池壁时，不能减速，蛙泳的最后一次动作以蹬腿结束为佳，双手正好伸向前方触壁。蝶泳以移臂结束或即将结束为佳。以从左侧转身为例：

触壁后两臂同时屈肘，身体向池壁靠拢，右手用力推池壁，使右臂屈肘角度加大，并协助身体绕纵轴向左转动，转动的同时应蜷身屈膝，两臂在水面上或水面下随身体的转动屈臂摆动，小腿和脚在转动约180°后，双脚抵住池壁，双手前伸，低头蜷身，身体从水面下蹬离池壁滑行。

蛙泳、蝶泳 1

当滑行速度开始下降时，蛙泳开始长划臂动作，蝶泳开始踢腿打水。蛙泳的转身由于"一划"与"一蹬"，因此能蹬得较远。一划的动作是手掌外分，手臂向外旋转，然后抓水、内旋、上旋。蝶泳转身后做两三次海豚腿，身体接近水面时开始第一次划水后，面部露出水面。

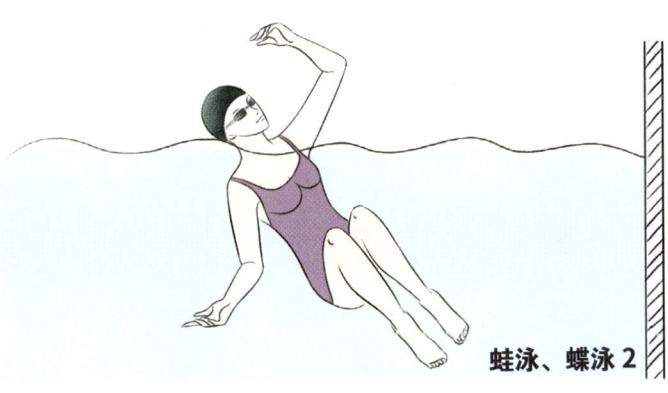

蛙泳、蝶泳 2

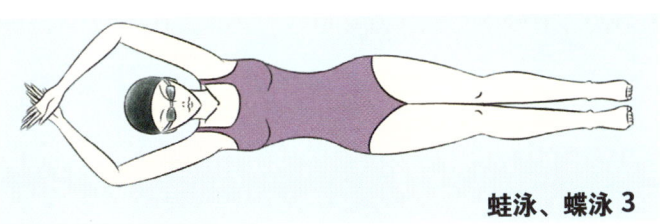

蛙泳、蝶泳 3

蛙泳 4

蛙泳 5

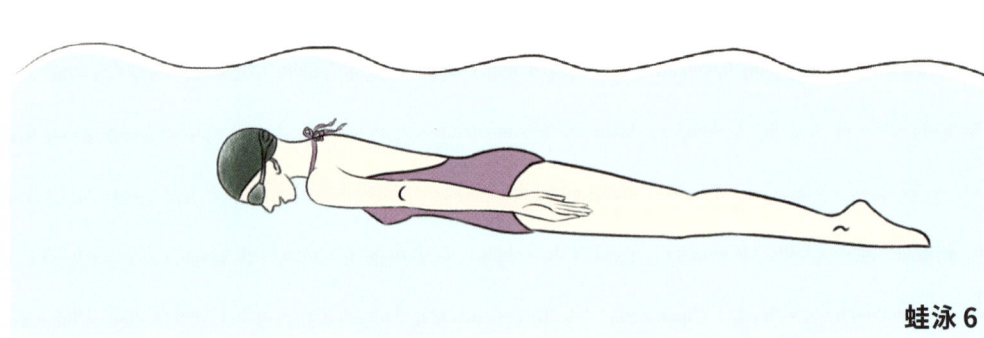

蛙泳 6

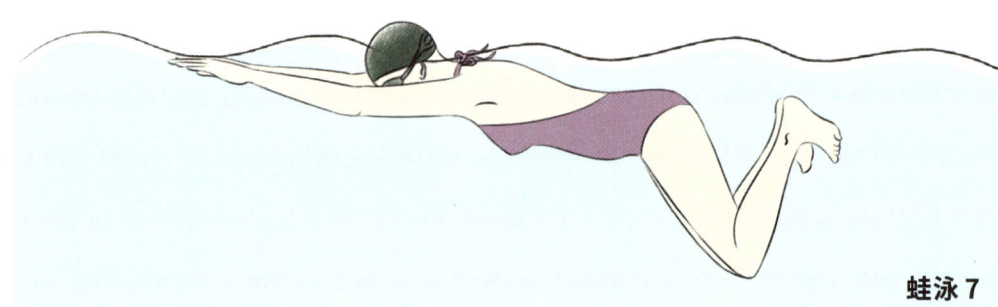

蛙泳 7

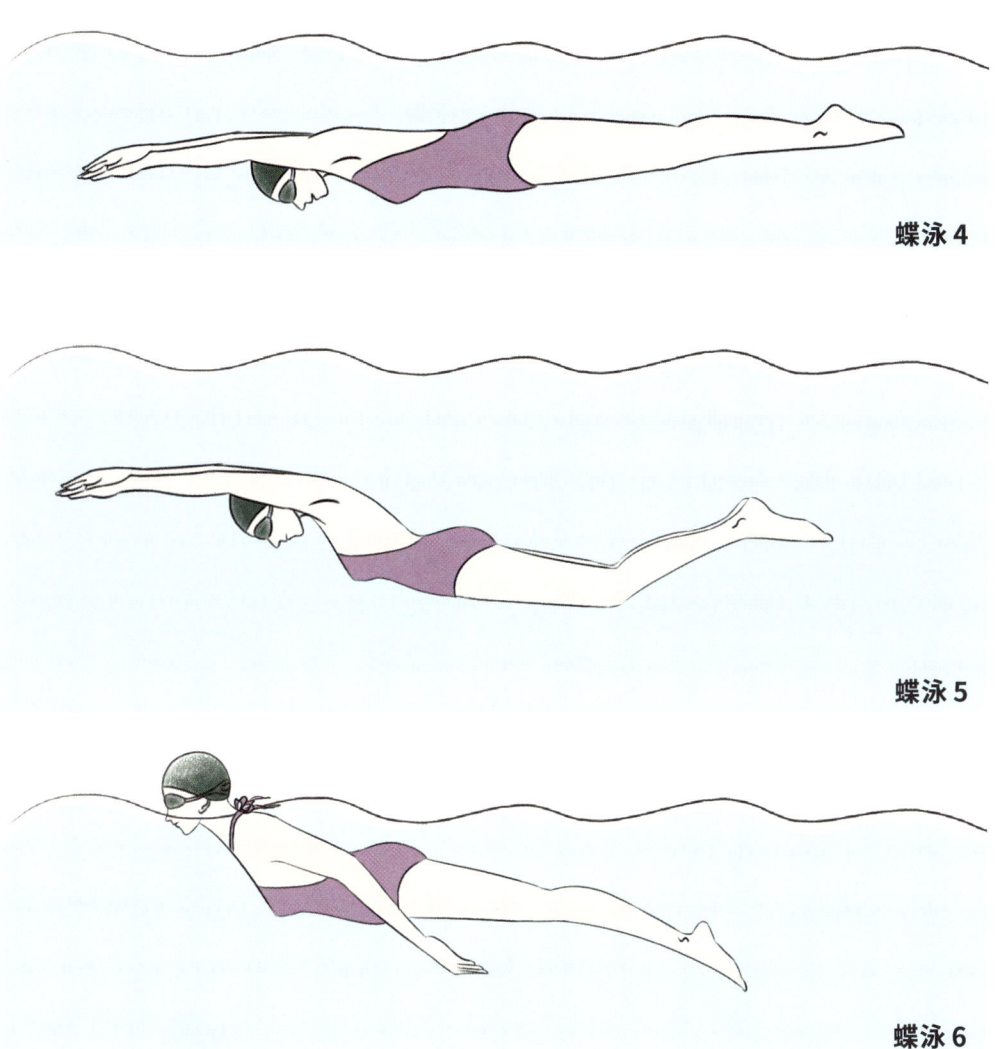

蝶泳4

蝶泳5

蝶泳6

◎常见错误及纠正

● **自由泳前翻滚转身时滚不过来**

如果低头、蜷身、收腹、提臀不够，或身体翻滚后过早展体，都会致使身体滚不过来。应加快低头、蜷身、收腹、提臀的动作速度，头部、胸贴近大腿，翻转后上体升至水面附近再蹬壁。

● 翻滚转身时腿露出水面

　　翻转时腿露出水面，翻转幅度较大时，脊背就成了弓形，头部会深入水下。因此，脚触壁后，就需要增加动作，将身体拉直成一条直线。

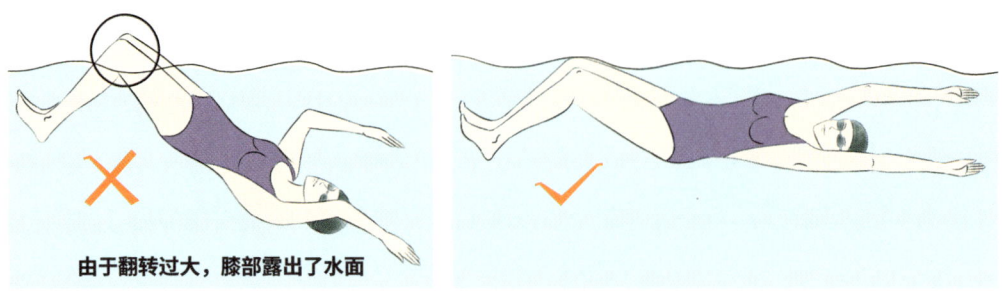

由于翻转过大，膝部露出了水面

● 仰泳蹬壁时身体浮出水面

　　出现这种情形，是因转身时上体过于抬起或转身后上体尚未沉入水中就急于蹬壁造成的。要注意再转身时蜷身收紧腿，不要抬上体。转身后，上体后仰沉入水中与水面平行时再蹬壁。

● 蛙泳和蝶泳转身时两肩露出

　　转身过程中，身体不能露出水面。头部尽可能贴近水面。肩部只有一侧露出水外，保持这样的姿势进行方向的转换。

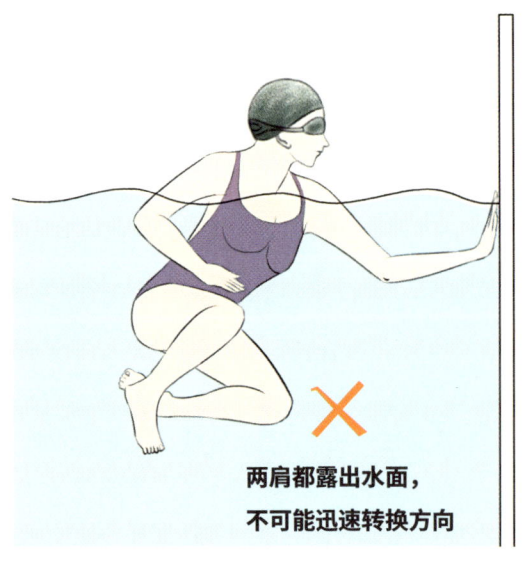

两肩都露出水面，
不可能迅速转换方向

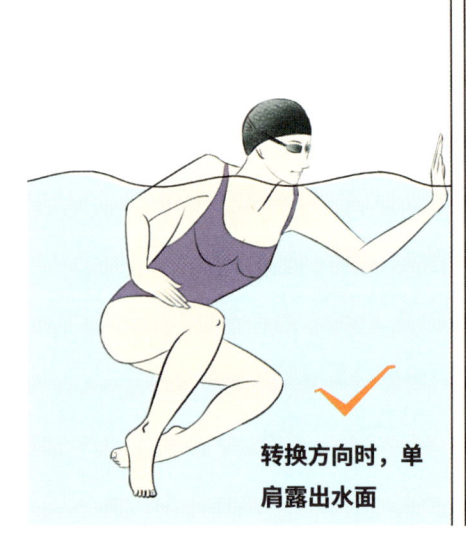

转换方向时，单
肩露出水面

知识链接

中国游泳运动的发展

19世纪中叶，竞技游泳由欧美传入中国，先是在香港、广州、厦门、上海、天津、青岛、大连等少数沿海城市开展，而后传入内地。1887年，广州沙面修建了长25米、宽15米的室内游泳池。这是中国第一座室内游泳池，随后逐渐有了竞技游泳比赛。

从1910年10月至1948年5月，中国先后举办了7届全国运动会，自1924年第三届全运会开始设有游泳项目。同期规模较大的还有华北运动游泳比赛。国际方面，在1913年至1934年举办的十届远东运动会中，中国每届均派选手参加。虽然两年一届的远东运动会只有中国、日本和菲律宾三个国家参加，但这是中国参加正式国际比赛的开端。1915年第二届远东运动会，中国代表团获得团体总分冠军。1934年第十届远东运动会在发起国菲律宾马尼拉举行，中国女子选手杨秀琼独揽四项游泳冠军，陈焕琼取得一项冠军，震惊了当时的亚洲泳坛。1934年第十届远东运动会之后，日本强邀伪满洲国参加第十一届远东运动会，遭到民国政府的坚决反对，并议决解散了远东运动会。亚洲游泳竞赛暂告停止。

中华人民共和国成立后，在毛泽东等党和国家领导人的重视下，游泳运动得到迅速发展。1952年起，全国性的游泳比赛每年都会举办。这大大推动了游泳事业的发展，中国运动员更加频繁地参与国际性的比赛。在1953年第一届国际青年友谊运动会上，中国运动员吴传玉获得男子100米仰泳冠军。到1954年，国内游泳最高纪录全部被刷新。1957年至1960年，中国著名游泳运动员戚烈云、穆祥雄、莫国雄先后5次打破男子100米蛙泳世界纪录。

20世纪80年代中后期到90年代，中国的游泳运动进一步飞速发展，并取得了骄人的成绩。1982年，中国运动员在第九届亚运会游泳比赛中夺得3枚金牌，实现金牌零的突破。1986年，在第十届亚运会上，中国运动员又夺得10枚金牌。1988年，中国运动员在第三届亚洲游泳锦标赛上，夺得24枚金牌。1990年，在第十二届亚运会上，中国运动员更是一举夺得23枚金牌，超过日本。1992年，在第二十五届奥运会游泳比赛中，中国队获4枚金牌、5枚银牌，并创两项世界纪录，这是中国首次在奥运会上获得游泳金牌。1994年，在第七届世界游泳锦标赛中，中国队获得12枚金牌，破5项世界纪录，震惊了世界泳坛。1996年，在第二十六届奥运会游泳比赛中，中国队夺得1枚金牌、3枚银牌和2枚铜牌。1998年，在第八届世界游泳锦标赛中，中国队获3枚金牌、2枚银牌、3枚铜牌。

2001年第九届世界游泳锦标赛上，罗雪娟获女子50米蛙泳和100米蛙泳两枚金牌；2002年第十四届亚运会，中国队以金牌数20∶11胜过日本；2004年第二十八届奥运会，罗雪娟再获女子50米蛙泳金牌；2008年第二十九届奥运会，中国游泳队获1枚金牌、3枚银牌和2枚铜牌；2012年第三十届奥运会，中国游泳队斩获5枚金牌、2枚银牌和3枚铜牌，创中国游泳队28年来最佳战绩，其中，孙杨共获2金1银1铜，并打破了男子1500米自由泳世界纪录；16岁的小将叶诗文获2枚金牌，打破女子400米混合泳世界纪录和女子200米混合泳奥运纪录。成功实现金牌数和奖牌数的历史性超越。2016年第三十一届奥运会，中国游泳队获得1金2银1铜，男子200米自由泳决赛的争夺，孙杨游出1分44秒65的成绩夺得冠军！这是孙杨首次在世界大赛200米问鼎。2019年7月28日韩国光州世锦赛圆满结束，中国队最终以16金11银3铜的成绩位列金牌榜首位，笑傲群雄。

综合国力的提高和体育事业的不断发展，以及游泳运动特有的健身、娱乐等特点，必将吸引越来越多的人参与到游泳运动中来，有力地推动我国游泳运动的普及和整体水平的不断提高。

终点技术

在正式比赛中,如果游泳选手不注意结束时的动作,那么成绩就一定会受到影响。自由泳和仰泳的一次划水需时约 0.5 秒,蛙泳和蝶泳则大约是 1 秒,终点时技术运用不合理,很可能就会无端地多划一次水,这就浪费了时间,也极有可能败于终点之处。

◎ 自由泳的终点技术

自由泳的结束动作要注意三个关键点:最后的换臂、用力踢腿打水、触壁。三个关键点需要紧密结合,才能发挥出最好的效果。

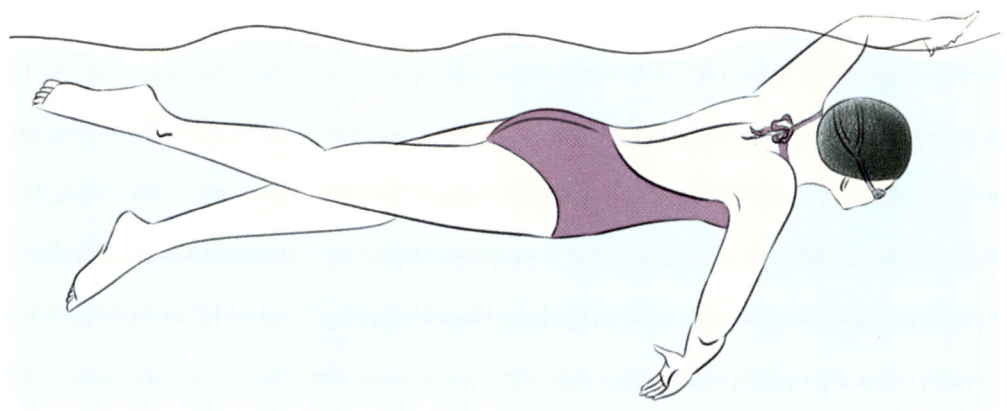

近终点时加快手臂的换臂速度。一只手臂高高举起,迅速升到水面上;另一只手臂则在水下用力加速划水。此时的打水要用力,并且要连续多次。

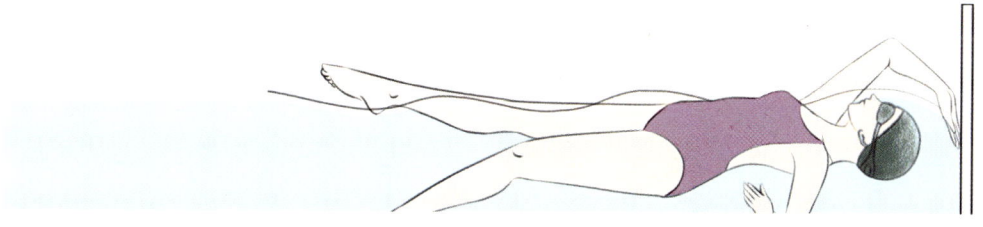

接着将手臂向前伸直,注意触壁不是用手掌而是用指尖。面部要留在水中,因为抬头会使触壁变慢。

◎ 仰泳的终点技术

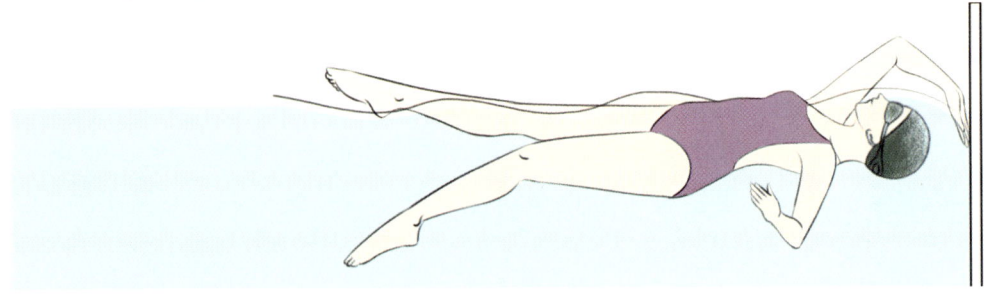

由于仰卧于水中，看不见前面的池壁，因此仰泳是根据旁边的旗子来计算到达池壁的划水次数。最后的划水加快速度，打水则更要快。

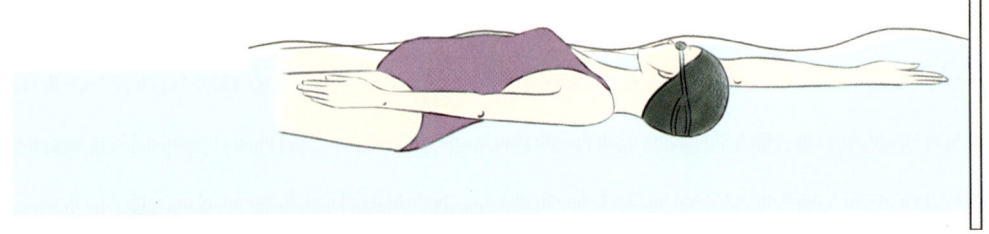

不触壁的手臂用力划水。另一手伸直手臂，挺直身体用指尖在水面上触壁。

◎ 蛙泳的终点技术

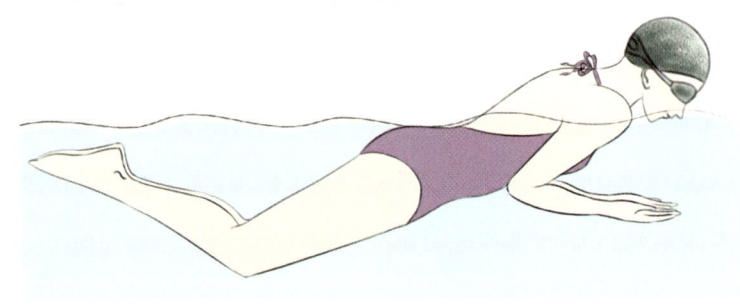

近终点的最后几次手臂划水与换臂要加速进行，并用力打水（不用海豚腿）。

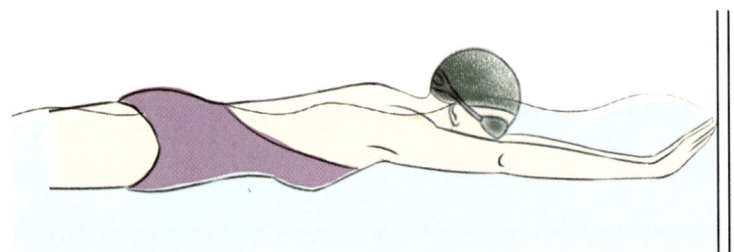

蛙泳要求双手同时到达池壁，为减小阻力，双臂应并拢触壁。面部留在水中，面向池壁伸直身体。

◎ 蝶泳的终点技术

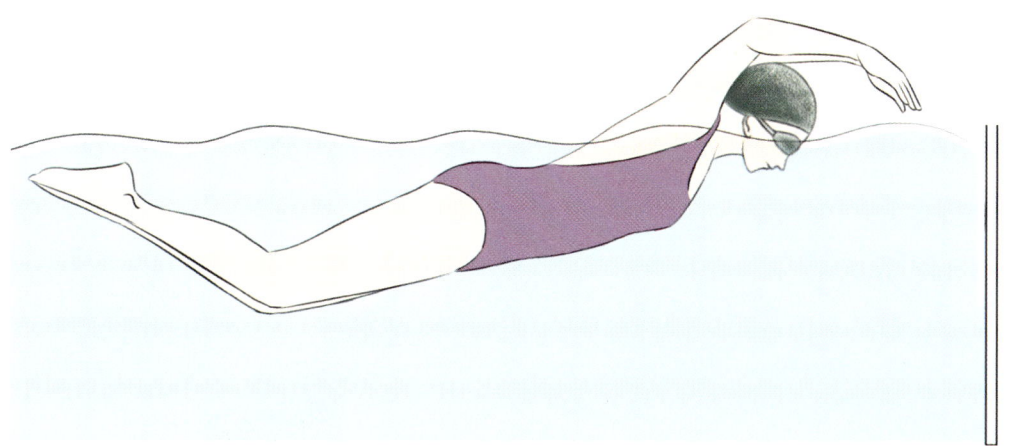

屈肘出水,空中移臂,手臂的划水动作在接近终点时加速进行,最后的打水也要倾尽全力。

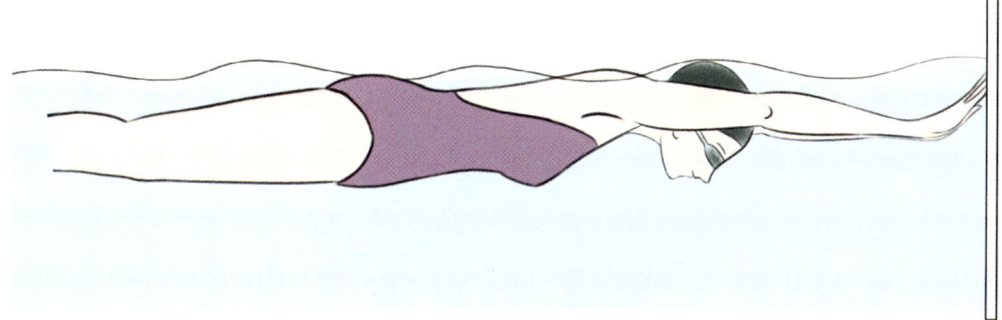

面部留在水中,身体向前伸。蝶泳也是双手同时触壁。

Practical Techniques of Swimming

第三章

实用游泳技术

实用游泳技术通常是指在日常锻炼、水上作业、水上救护，以及军事活动中具有实际运用价值的非竞技性游泳，包括踩水、侧泳、反蛙泳、潜泳等。没有严格的规则框定和实用性强，是实用游泳运动两个最主要的特点。

踩水 Techniques of Treading Water

踩水是身体直立在水中，头部露在水面上的一种游泳方法。它是一项非常实用的游泳技术，在日常生活中应用非常广泛，如持物游进、通过逆流、水面观察、救溺水者、水中休息等。踩水技术是水上安全和自救的最基本技能。

◎ 身体姿势

身体直立或稍前倾，头部露出水面，稍收髋，两腿微屈勾脚，两臂在胸前平屈，掌心朝下。

◎ 腿部动作

腿部动作一般有双腿同时动作和两腿交替动作两种，但也可以用自由踢腿、侧泳蹬夹腿或以上几种腿的混合交替动作。

两腿同时动作：同蛙泳腿的动作基本相似，但大腿收得较少，两腿不蹬直并拢。做动作时屈膝以小腿和脚的内侧向下做弧形蹬夹水，当两腿未完全蹬直时又开始收腿，动作要连贯。

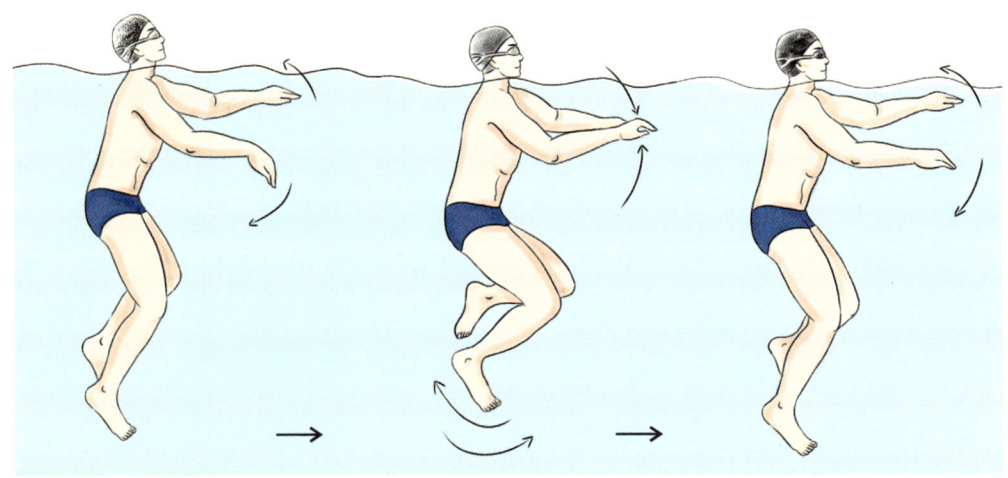

两腿交替动作：与双腿同时动作基本相似，只是两腿交替进行，一腿做收腿时，另一腿做稍有向前、向内的蹬夹动作。

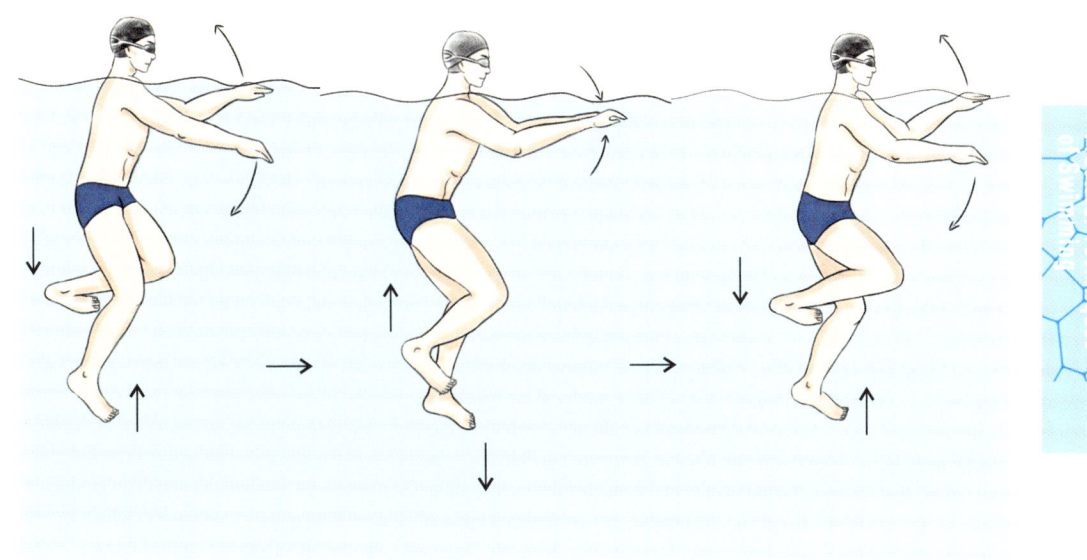

◎ 臂部动作

两臂弯曲，手和前臂在胸前做向外、向内的摸水动作。做向外摸水动作时掌心稍向外，做向内摸水动作时掌心稍向内，手臂动作幅度不宜过大，手掌要能感觉到水的压力。

◎ 完整配合

臂、腿的配合要协调、连贯，一般是两腿同时蹬夹一次或两腿交替蹬夹一次，双手做一次拨压水动作。踩水时，动作频率尽可能低，蹬腿与摸水均不必太用力，能使头部露在水面上即可。熟练地掌握了踩水技术之后，可以仅靠双臂摸水使身体浮于水面，也可腾出双手仅靠腿踩水使身体浮于水面。用踩水技术游进时，身体要略前倾，腿稍向后蹬水，两臂向后拨水。后退游时，动作相反。

采用双腿同时动作的配合时，两腿蹬夹水时吸气，两臂向外拨压水；收腿时呼气，两臂向内拨压水。呼吸要随臂和腿动作的节奏自然进行。采用两腿交替动作的配合时，则需手和腿同时不停地进行动作的配合。

侧泳 Techniques of Side Stroke

> 侧泳是指身体侧卧于水中，两臂交替划水，两腿做剪夹水动作游进的一种技术。侧泳很有实用价值，武装泅渡、军事侦察、水中拖运物品和救护溺水者等都可采用。侧泳有手出水和不出水两种，前者速度快，后者则在民间广为流传。这里介绍手出水的一种。

◎ 身体姿势

身体侧卧在水中，稍向胸侧倾斜，胸腹下的一臂前伸，掌心朝下，另一臂置于体侧，两腿并拢伸直。两肩连线与水面垂直线呈 45°～50° 角。游进时，两臂轮流划水，两腿夹水。

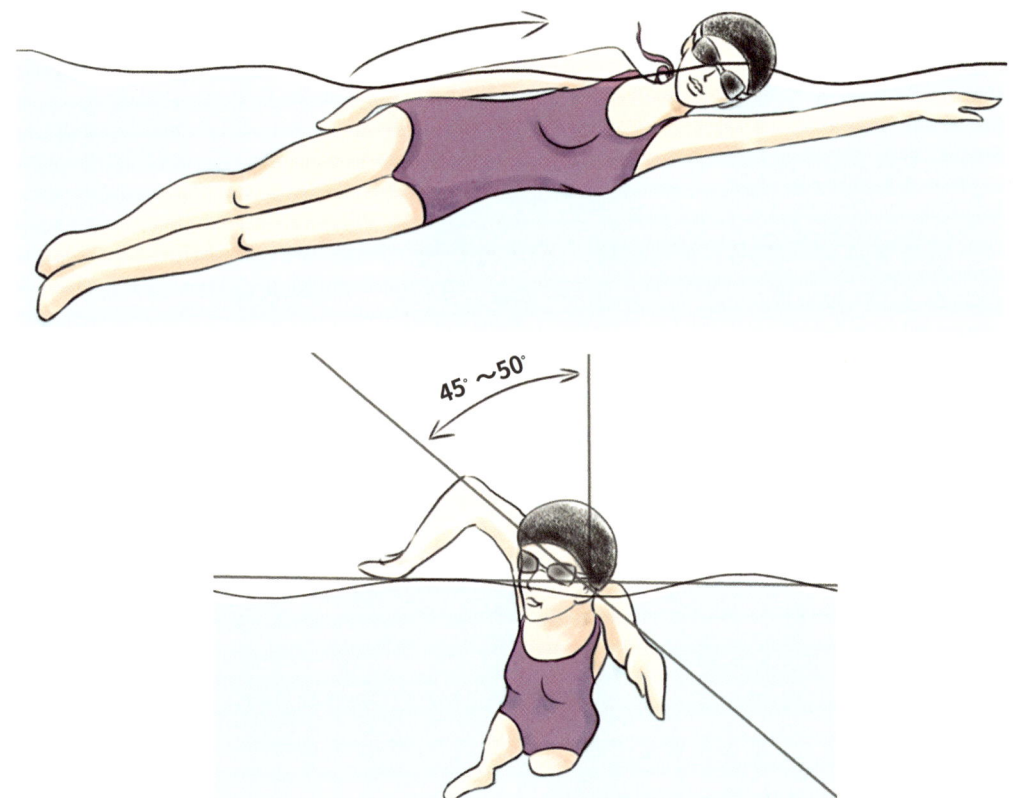

◎ 腿部动作

侧泳中腿的动作可分解为收腿、翻腿和蹬夹水三个阶段。

收腿：上面腿屈膝前收，使大腿与躯干垂直，同时下面腿小腿后屈，脚跟尽量靠臀部。

翻脚：收腿后上面腿勾脚尖，使脚掌向后对准水；下面腿脚尖绷直，使脚背和小腿向后对准蹬水方向。

蹬夹水：上面腿大腿用力，小腿稍外伸，使脚掌向正后方加速蹬夹水；同时下面腿伸膝，用脚背和小腿向后夹水，与上面腿形成蹬夹动作。

◎ 臂部动作

侧泳的两臂是交替划水的。上面臂与自由泳臂的动作基本相同，只是划水时身体侧卧的程度更大，这样比自由泳划水路线长，效果更好。下面臂手掌内转、屈臂，使手和前臂保持好的对水面，靠胸侧斜下方划水至腹下。划水结束后，屈肘，掌心向上贴近身体向前移动，至肩下时掌心逐渐转成向下并向前伸出。两臂配合是上面臂前移同时下面臂划水，上面臂划水同时下面臂前伸，两臂在胸前交叉。

◎ 完整配合

臂腿配合：上面臂前移，下面臂与划水腿不动，当上面臂入水后，下面臂开始前移并收腿，上面臂划到腹下推水时，下面臂前伸，同时腿用力向后做蹬夹动作。

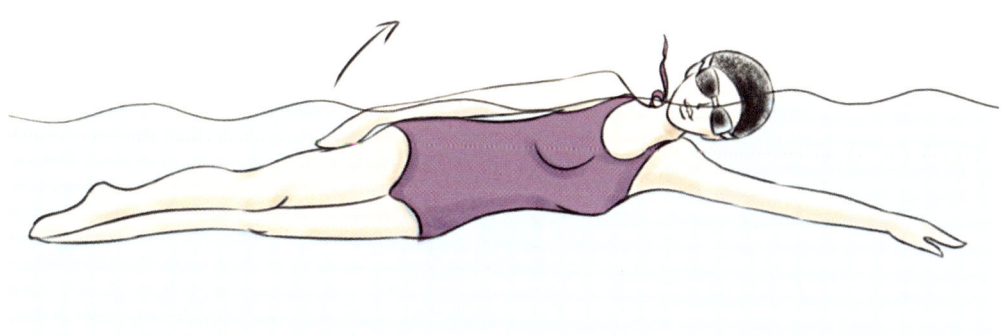

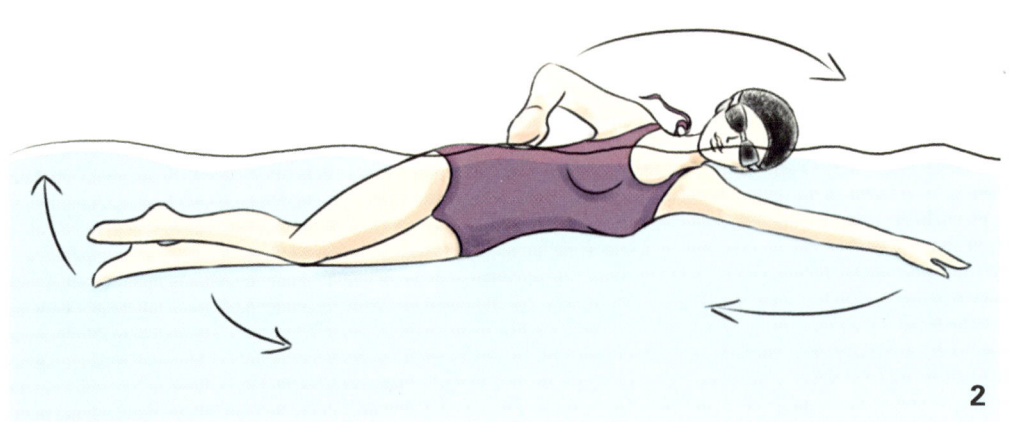

2

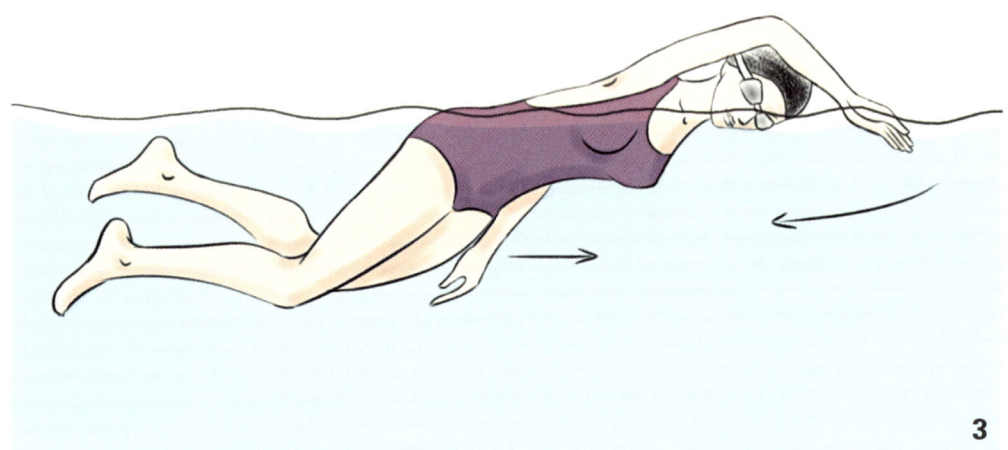

3

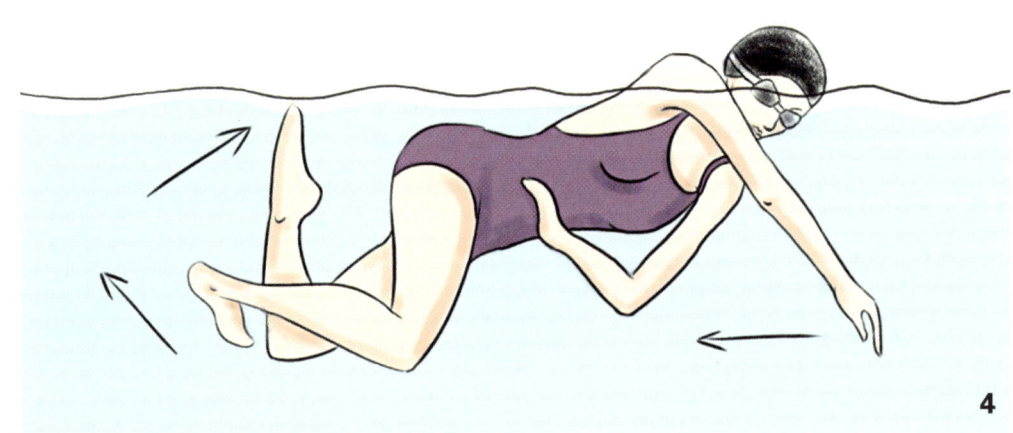

4

臂与呼吸配合：上面臂开始划水时逐渐呼气，划至腹下推水时转头部吸气，移臂和入水时头部还原。

侧泳的完整配合，是两腿蹬夹水一次，两臂各划水一次，呼吸一次。两腿蹬夹水后，在上面臂划水结束与下面臂前伸后，应有短暂的滑行动作。

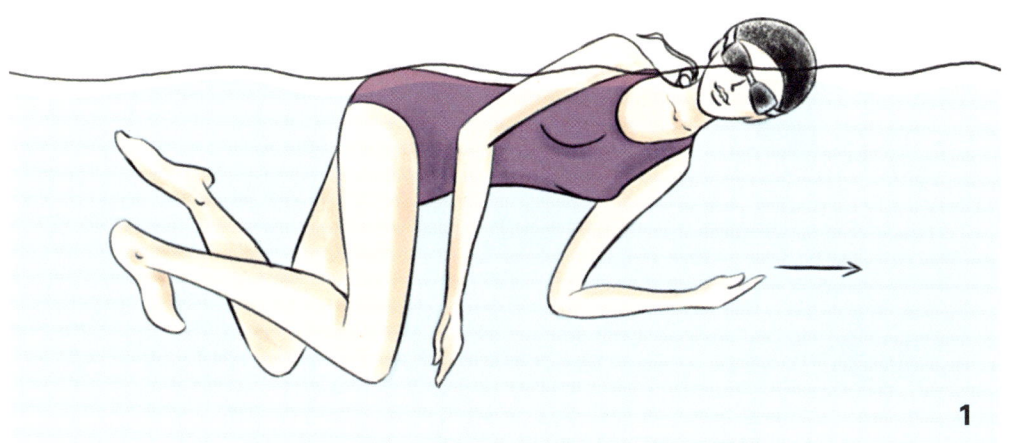

1

2

反蛙泳
Techniques of Inverted Breaststroke

反蛙泳即蛙式仰泳，是游进时身体仰卧水中，两腿同时向后蹬夹水，两臂在体侧向后划水的一种游泳姿势。反蛙泳的嘴鼻露在水面上，可以随着动作自然呼吸。反蛙泳是水中休息、拖运物品和救护溺水者常采用的一种技术，实用性很强。

◎ 身体姿势

身体自然伸直仰卧在水中，面部露出水面，两臂置于体侧。

◎ 腿部动作

反蛙泳腿的动作类似蛙泳腿，膝关节向两侧边收边分，大腿微收，两膝不露出水面，小腿向侧下方尽可能多收，收腿结束时两膝稍比肩宽，脚和小腿内侧向后对准蹬水方向，然后大腿发力，使小腿和脚向侧后方弧形蹬夹水，直到两腿和脚伸直、并拢。

◎ 臂部动作

两臂自然伸直，由体侧经空中前移在肩前入水，然后屈臂高肘，掌心向后，使手和前臂对准后方，用力在体侧划水，直至大腿旁结束；两臂停留在体侧，使身体向前滑行，然后两臂再出水前移。

◎ 完整配合

反蛙泳臂、腿配合有两种：一种是移臂与收腿同时，臂划水与蹬夹水同时；另一种是移臂时也收腿，但臂将入水时，腿先蹬夹水，腿自然并拢后臂划水，划水结束后，身体伸直滑行。两臂前移的同时，吸气收腿，两臂入水时稍闭气，两腿同时蹬夹水，然后用口鼻均匀地呼气，两腿自然并拢，臂划水，划水结束身体伸直滑行。

潜泳 Techniques of Under Water Swimming

潜泳是在水面下游进的一种游泳技术，具有很高的实用价值。在打捞溺水者、打捞水下沉物，以及水下工程作业时，经常会用潜泳。潜泳有使用器具装备和不使用器具装备的区别，本书介绍的潜泳为不使用器具装备的潜泳。潜泳有潜深和潜远两种，都可以从陆上跳入或从水面上直接潜入。

◎ 潜深

这里介绍两腿朝下和头部先朝下潜深法。

两腿朝下潜深法：在踩水姿势的基础上，两臂前伸，身体前倾，大腿带小腿弯曲收紧，然后两臂用力向下压水，同时向下做蛙泳蹬水动作，使上体跃出水面，接着利用身体的重力，直体向下沉入水中，整个身体入水后臂向上划水，增加下沉速度，当达到需要的深度后，立即蜷身，将头部转向所需要的方向游进。

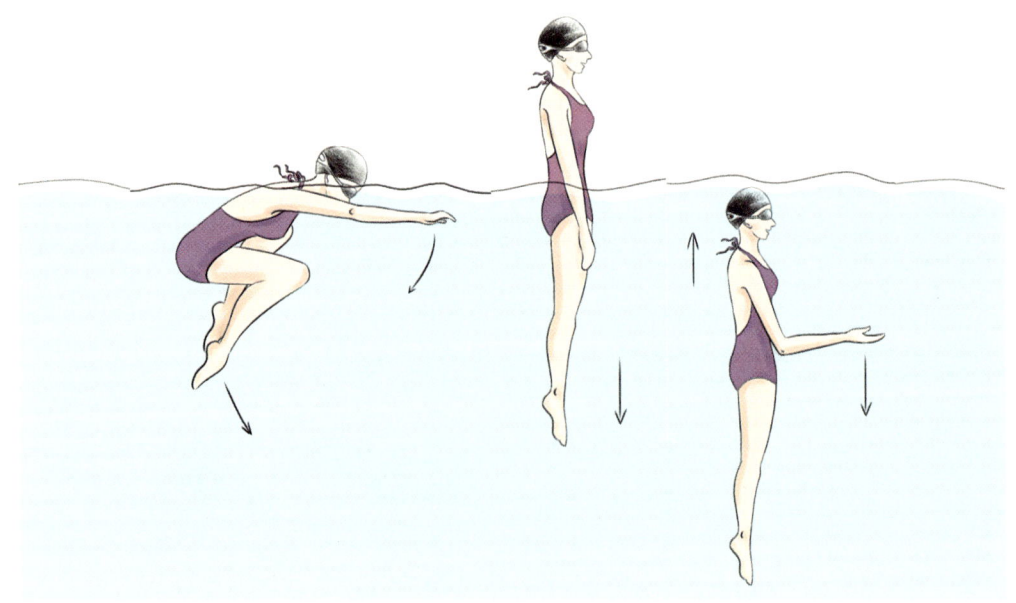

头部先朝下潜深法：在踩水姿势的基础上，两臂向后下方伸出，身体前倾，大腿带小腿弯曲、收紧，然后两臂向上用力划水，并顺势低头部、提臀、举腿，接着臂向下伸直，在腿的重力作用下，使身体向下潜入水中。当达到需要的深度后，通过头部后仰、挺胸、挺腰动作，使身体由垂直姿势转为水平姿势。

◎ 潜远

潜远一般采用蛙泳、蛙式长划臂、自由泳和蝶泳的姿势。在选择何种潜泳技术时，应根据个人的技术、身体条件和不同目的来决定。一般潜远的方法有下面四种。

蛙式潜泳：在水面下用蛙泳方式游进。为避免身体上浮，头部应该与躯干成一条直线。

蛙式长划臂：由臂划水路线长而得名，其速度明显比蛙式潜泳快，但在野外不熟悉的水域中，应谨慎采用，预防伤害事故发生。

自由式潜泳和蝶泳式潜泳：均是两臂向前伸直，手掌并拢，头部在两臂之间，打自由泳腿或海豚腿游进。自由式蛙式混合动作，是打自由泳腿、蛙泳臂划水的配合动作。

在潜远时，身体在水中的位置应保持合适的深度，太浅水面波浪增加阻力影响速度，太深则会因压力较大而消耗体力。一般潜深深度为离水面 50～80 厘米。

◎ 注意事项

做潜水练习，应循序渐进，量力而行，不宜争强好胜，最好是有老师或同伴进行监督，防止发生意外。潜泳时应睁开眼睛，最好是戴泳镜，以观察方向和水中是否有障碍物。在透明度不好的水里，一般不宜潜泳。

着装游泳 Swimming in Clothes

着装游泳是一种为应对突发事件中意外落水情况而进行专门练习的实用游泳技术,是实用性很强的一种自救技术。它与穿着泳衣游泳不同,难度更大。

◎ 着装要求

着装游泳时,身上的衣服要简单方便,不兜水、不松散,最重要的是以不妨碍水中手脚的自由游动为原则。入水前,应将衣服领扣解开,衣裤口袋外翻,以减少水中阻力;把衣袖和裤腿平整地卷起,不要过松或太紧。衣服下沿放在裤子外,把鞋子和挂包等物牢牢绑在腰上,鞋尖朝上、鞋底朝外。

◎ 游泳姿势

因着装游泳比穿泳装游泳的阻力要大,在姿势的选择上,多采用蛙泳和仰泳。

蛙泳视野开阔,便于观察和掌握方向,并且动作相对轻松省力,耐久力长。受着装的影响,手臂没有滑行动作,腿部动作幅度也应小于正常的蛙泳动作。整个动作的节奏应该放慢,不要求快;采用仰泳时,身体容易浮起,呼吸方便。手臂最好在水下划水,也可以尽量利用身边可以利用的浮具。仰泳可以选择反蛙泳,腿部动作比较省力,游起来相对轻松。

不过,具体采用何种游泳姿势还应根据个人的游泳技术水平、当时的情况、水的环境、个人体力状态等因素来确定。

◎ 游泳练习

着装游泳的练习是在掌握了踩水、侧泳、蛙泳等技术前提下进行的。练习时动作不能过快,具体练习步骤如下:

- 根据着装游泳的着装要求和方法练习穿衣服;
- 穿着衣服下水练习游泳;
- 循序渐进,负重进行练习,游泳距离由短到长;
- 练习环境从泳池等静止水域转移至江河等流动水域,在江河中先顺水游,再逆水游。

Swimming Safety and First Aid Lessons

第四章

游泳安全教育及救护

加强游泳安全教育以及水上救护，对防止水上的不幸事故发生有着极为重要的意义。水上救护是指游泳者和在水周边从事活动的人员，在水上发生事故时所采取的救护措施。游泳救护包括自我救护、间接救护、直接救护等。

游泳安全教育 Swimming Safety

游泳是一项非常有益的体育运动,但同时风险较高,若掉以轻心,则很可能发生溺水事故。因此,游泳的安全问题必须引起高度重视。

游泳的场所大致可以分为两类,一类是人工修建的游泳池(馆),另一类则是江、河、湖、海等自然水域。一般情况下,人工游泳场所水情稳定,又有专人管理,安全上更有保障一些;自然水域受天气、水流和水下生物等的影响,对自我保护的能力要求会更高一些。但无论是人工水域还是自然水域,患有心脏病、高血压等疾病的人都需慎入。

◎ 人工水域游泳的安全教育

游泳池(馆)的建设和对外开放,为游泳爱好者提供了游泳嬉戏的便利条件。这些游泳场所通常拥有较为完善的设备,以及专门化的管理,但也绝不能因此而疏忽大意。尤其是对游泳初学者来说,掌握一定的游泳安全知识,是减少呛水、溺水事故发生及提高自我保护能力的必要条件。

下水前安全注意事项

全面掌握自己的身体状况。人在水中和陆地上的差异性,决定着人们在下水前必须对自己的身体状况有一个较为准确的了解,最好事先做一次身体检查,尽量杜绝意外事故的发生。

以下是几种不宜下水游泳的情况:患有心脏病、肺炎(肺结核)和精神疾病、肝肾疾病、高血压的人;患有皮肤病、结膜炎、急性沙眼、性病等传染病体征的人;女生例假期;太饿或太饱;酒后;剧烈运动后。

细心观察环境。下水前,还需要注意环境的因素,细心的观察也是必不可少的。

・水温。泳池内的水温一般以25℃~28℃为宜,下水前可以先试着感受一下,慢慢地入水,以适应和调节好自己的身体状态。

・水质。游泳池一般都会对水进行消毒,最好还是了解一下水的含氯量是否超标,以及水中是否有杂质等。

· **安全设施**。正规的人工游泳池一般配有救生员和救生设备，安全标志也比较明显。下水前最好留意一下各种标志，遵从相关规定和指导。

充分的准备活动。从陆地上到水中，从静止到剧烈运动，身体必须有一个适应的过程。应该先做一些如慢跑和伸展运动等的准备活动，这样才有利于激活身体机能和神经系统，使身体适应低水温的刺激，减少痉挛和拉伤等事故的发生。

备好游泳器材。根据自己的实际情况，选择合适的泳衣、泳裤、泳镜等。另外，还可以准备好一些上岸后清洗身体用的沐浴用品。

下水后安全注意事项

练习强度要适当。每个人的水性不一样，尤其是对于初学者来说，不要贸然学样，随意跳水和深潜。除了要做好充分的准备活动，练习的强度也应该是渐进式的，不可突然高强度剧烈运动，以免发生意外。也不要下水后总是停留不动，积极活动才有利于提高身体对水温的适应能力。

不要追逐打闹。游泳池属公共场所，应注意相互谦让，不要在水中横冲直撞、嬉戏打闹，以免误伤他人。尤其是在潜泳时，应该尽量避免闭目快游，而不顾及前方是否有其他游泳者的行为。

在水中停留时间不宜过长。游泳时身体热量散发快，体力消耗大，所以在水中待的时间不要过长，以免体温失调，体力透支，发生意外。如果嘴唇发紫，全身打战，表明游泳者在水中时间太长，散热过多，这时应尽快上岸，将身体擦干，做徒手操或慢跑使身体暖和起来。

露天泳池应避免恶劣的天气状况。在露天泳池游泳时，应避免雷雨等恶劣天气状况，以免发生危险。另外，中午阳光紫外线强，也应尽量避免在这一时段游泳，以减小患皮肤癌的风险。

上岸后安全注意事项

游泳结束上岸后，水中的污染物容易残留在身上，所以最好是再用清水认真冲洗一遍，以免对皮肤造成不良影响。除此之外，泳衣、泳裤等贴身物品应及时清洗、晾晒。有些人游泳后，眼睛会发红或刺痒，最好用清水冲洗眼睛，或者用消炎药水滴眼，以避免眼部炎症的发生。如果耳朵或鼻孔进水，也应该及时清除。

◎ 自然水域游泳安全须知

安全水域的选择

在自然水域中游泳前，应该仔细观察自然水域的实际情况，看其是否属于具备游泳条件的安全水域。

选择水质清洁的水域。一般来说，江河里的水经常在流动，水质比池塘水或者湖水要好一些。在选择游泳场所时，可以尽量考虑选择河流上游等水质相对较好的水域。

选择水情相对稳定的水域。下水前，最好先了解一下该水域水底的情况，尽量选择水流相对稳定的水域。一般水底有淤泥、水草、木桩、急流、漩涡、暗礁和大风浪的水域，应该尽量避开。

选择没有外物袭扰的安全水域。有些江河湖泊中存在血吸虫，所以尽量不要在这些疫区水域游泳。在海滨游泳时，最好选择在划定安全区域的海滨浴场，以免发生被鲨鱼、食人鱼等袭击的悲剧事件。另外，不要在有大船经过的水域游泳，以免游泳者被大船吸入船底或遭到撞击。

谨慎选择深水区。有些水库看起来很适合游泳，但是需要注意的是，水库中浅水过渡地段比较少，往往岸陡，一下水就很深。所以在下水前，最好先摸清水的深浅状况，不要贸然下水。尤其是游泳初学者，绝对不要脱离救生圈进入深水区。而且一般水越深，温度也越低，低温容易造成身体不适，引发痉挛等意外。

危险境况的应对

江河中的水是流动的，流速也各不相同。水量大而河床窄的地方，常常出现急流。在急流中，人的控制能力就会显得很弱。所以，游泳者一定要根据自己的身体状况和游泳技术水平量力而行，选择在江河边游。切记不要逞能，以免过度疲劳而发生意外。另外，在遇到各种危险情况时，一定要沉着镇定，不要乱动，并及时呼救，配合救援者的救助。以下是几种意外情况的应对方法。

陷入淤泥时的应对方法：在游泳时，万一不慎陷入淤泥，千万不要采取像在陆地一样，以一脚踏地努力拔出另一只脚的做法，这样只会越陷越深。而应该使身体俯卧在水面上，两手在体侧连续快速向下压水，同时，脚尖自然伸直，随手部下压水时的反作用力，轻轻向上移动，使身体拔离淤泥，然后顺原路退出淤泥地带。

被水草绊住的应对方法：万一被水草绊住，游泳技术较好的人可以仰浮在水面，试着自己解脱绊住肢体的杂草，再以两臂靠近两腿伸直，用手掌划水从原路退回；游泳技术不佳者最好立即呼救，同时手脚不要乱动或直立，以免越缠越紧。

遭遇漩涡的应对方法：漩涡一般出现在水流方向和速度突然转变的地方。有漩涡的地方，一般可以看见水面上的杂物和水流在打转，避开就可以。万一靠近漩涡才发现，则应用自由泳迅速游过。小的漩涡一般容易挣脱；如果被卷入大漩涡时，千万不要慌张，更不要直立踩水，以免被漩涡吸入水底而危及生命，正确的做法应该是立即将身体平卧在水面，用自由泳或仰泳姿势快速游离漩涡区。

遭遇暗流的应对方法：暗流出现在两条河流的交汇处，它是由两条不同方向的水流互相冲击而成。因此，暗流中水的流动是不规则的。如果在游泳时不幸遭遇暗流，那么就应该迅速在水面上游出暗流区域，千万不要潜泳，以免被卷入不规则的暗流中。

遭遇风浪的应对方法：遭遇风浪时，首先应该沉着冷静，迅速判断风浪的方向和大小，以做出相应的准备。如果是一般的小风浪，可保持原来的泳姿，只要掌握风浪变化的规律，让呼吸动作与波浪起伏相适应即可；如果是大风浪，则采取顺浪蛙泳、逆浪自由泳的方式游回，动作的频率与风浪的节奏保持一致，并注意调节好呼吸与风浪之间的关系。若风浪是从前方来的，就应该在浪来之间深吸一口气，接着潜入浪中，等风浪过后再出水吸气，过一浪换一次气；若风浪是从后面来的，就从侧面观察，在离风浪一两米的地方深吸气，然后潜入水中，浪过后出水吸气；若风浪是从侧面来的，就将头转向与浪的相反方向吸气，潜水，浪过出水换气。

遭遇水生物袭击的应对方法：人在水环境中远不如在陆地灵活自如，所以一定要尽量做好相关的防御措施。万一遭遇鲨鱼等凶猛的水生物时，首先要迅速地避开，实在无法避开时，就要同它斗争。为争取自身生命安全，斗争时一个有效的方法就是找准时机迅速攻击它的两眼，致其失明。同时大声呼救，尽快脱身。

遭遇冷水流的应对方法：冷水流大多数发生在拦水坝前或地下水流入海的地方，或在河流、湖沼中从地下向上喷出的一股冷水流，其水温比附近的水温要低。其实，除此之外，冷水流是并无危险的。所以，游泳者在遭遇到冷水流时，不要因为低度冷水的突然刺激而慌乱、精神紧张导致手足失措，反而容易造成危险。所以，遇到冷水流，保持精神镇定，继续向前游就可以了。

游泳救护 First Aid Lessons

加强游泳的水上救护,对防止水上的不幸事故发生有着极为重要的意义。水上救护是指游泳者和在水周边从事活动的人员,在水上发生事故时所采取的救护措施。游泳救护包括间接救护、自我救护、直接救护等。

◎ 间接救护

间接救护是对神志清醒、距离不远的溺水者,使用救生器材实施救护的一种方法。常用的救生器材有救生圈、竹竿、绳索、木板等。在使用间接救生器材时要注意两点:首先要保证将救生器材抛掷在溺水者附近,使其伸手能抓到;其次是抛掷器材时,防止诸如硬泡沫塑料救生圈、木板等砸伤、刺伤溺水者。

◎ 自我救护

做好自救防范可能是水上救护最为关键的部分。在发生意外的情况下,通过自我动作的改变,心理上的调整,达到转危为安的一种方法就是自救。尤其遇到以下几种情况时,自救最为适用。

技术不熟练,水平不高

刚学会游泳的人往往都有着对未曾游过的水域或距离跃跃欲试的心理,但在游进的过程中,由于心理上过分紧张、偶尔不适呛水等原因,容易造成惊慌失措、乱抓乱蹬、身体下沉,其直接原因是动作变形,得不到水的支撑。这时保持心理放松,踩水吸气或仰卧水面,调整好呼吸后再缓慢游进即可。

水域复杂,水情不熟悉

一般不宜在水情不熟悉的地方游泳,万一碰到诸如急流、漩涡、水草缠绕等,首先应保持头脑清醒,然后尽量平卧水面,排除障碍,脱离危险水域。

痉挛（抽筋）

由于疲劳、寒冷和紧张而引起的肌肉痉挛，常见于手指、脚趾、小腿、大腿等部位，通常采用自我牵引的方法，使痉挛的肌肉部位拉长伸展。抽筋现象消失后，暂时应尽量少用力或不用力，否则会再次发生抽筋。如发生严重的全身抽筋，则应立即呼唤他人援助。

◎ 直接救护

直接救护是指通过救护者徒手对溺水者施救的一种方法。徒手施救必须要求救护者具有较高超的游泳技术和救护的本领。直接救护包括观察、入水、游进、判断、拖带、上岸、抢救等过程。

观察

发现险情后，要迅速对周围环境进行观察，对溺水者在水中的位置、离岸距离做出正确判断，再选择最佳的入水点。大概了解溺水者的基本情况：是成人还是小孩，是身强力壮的男性还是纤弱的女性；险情是刚刚发生还是溺水者经过挣扎即将沉没；是静止的池塘、水库还是流动的河流等。了解这些后决定入水的地点和采取施救的方法。在观察的同时，要大声呼救，以争取他人的帮助和支持。

入水

在游泳池和熟悉的水域，可采用竞技游泳的出发式入水，即跑动后单脚起跳，头

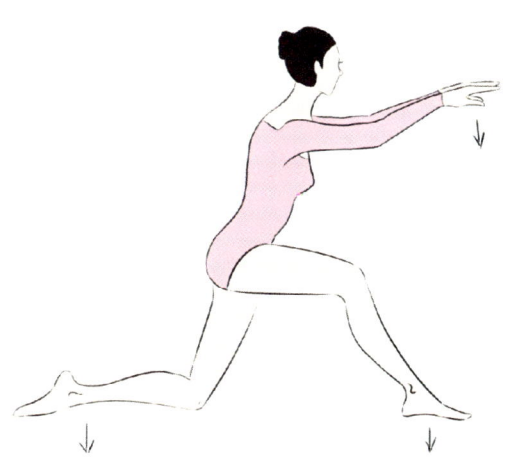

跨步式入水

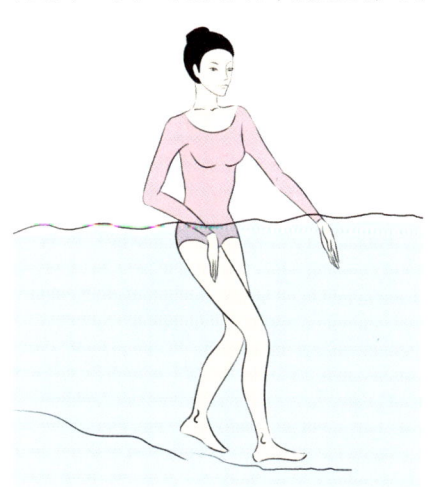

步入式入水

部先入水。入水要浅，出水动作要快，以便迅速注视目标。在游客众多的游泳池和不熟悉的水域，则可以采用跨步式或直角入水式，脚先入水。入水时起跳宜远不宜高，两臂前平举或侧平举。入水后，两臂迅速向下压水，两腿同时向下蹬夹水，使身体处于较高位置，头部露出水面以便观察和防止碰及暗桩、石头等。在较高的地方入水，可采用抱膝蜷身式入水。在水情复杂的地区，则可采用步入式入水，至水深至胸部处才开始游进。

游近和判断

为了以最快的速度接近溺水者，施救者一般采用抬头自由泳或蛙泳，以便观察和注视目标。游至离溺水者 2 米左右的距离，应踩水调整一下呼吸，观察、判断，深吸气后下潜水中，从其背后托其腋下，使溺水者口、鼻露出水面，然后再进行拖带。如果正面接触，则可下潜水中，从下面转动溺水者胯部，使之背向自己。请注意切忌被溺水者死死抱住而无法施救。

在进行施救接触过程中，要注意三点：一是接近时，要迅速判断，尽可能从背面接近，避免被抱头部、抱颈，导致无法呼吸、体力下降；二是迅速将溺水者头部抬高，使之露出水面，使其能够呼吸，脱离极度恐慌状态；三是大声劝慰、诱导溺水者，保持镇静、睁开眼睛，以争取配合。

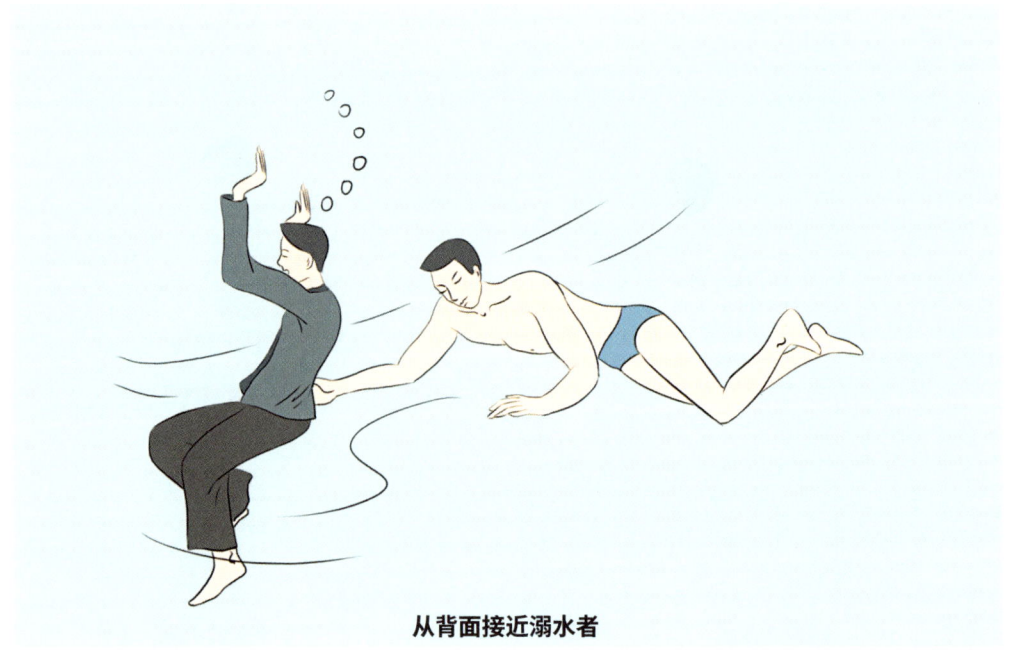

从背面接近溺水者

拖带

拖带溺水者应根据具体情况而采取不同的拖带方式。不管采用何种方式，都应始终保持溺水者面部露出水面通畅呼吸，否则会使溺水者重新惊慌，乱抓乱抱而不能配合。

对神志清醒能积极配合者，可采用蛙泳、侧泳拖带法。令其双手扶在救护者肩上，用蛙泳拖带；或者救护者用单手托溺水者枕部、双手扶托溺水者面颊，及双手托溺水者两腋部，使溺水者仰卧水面，用反蛙泳或侧泳拖带。

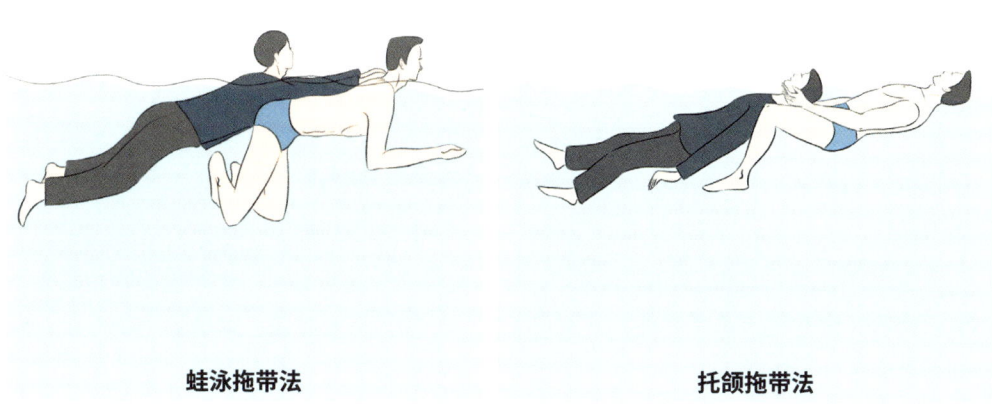

蛙泳拖带法　　　　　　　　　　　托颌拖带法

对神志不清、乱抓乱动不能积极配合者，可采用强制性侧泳拖带法。救护者一手从溺水者一上臂腋下穿过，从背后抓住另一上臂肘上端，固定溺水者，使其仰卧，救护者再用侧泳拖带。

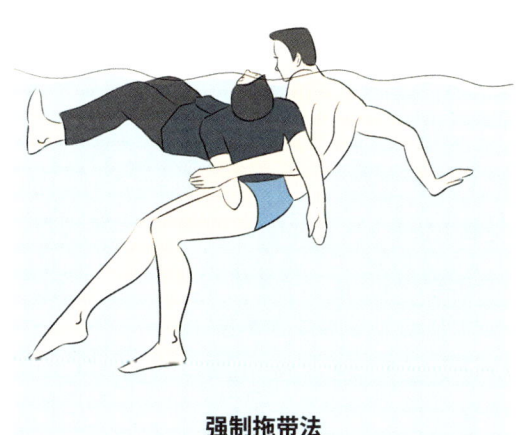

强制拖带法

上岸出水

在浅滩、河流岸边，地势平缓的水域，溺水者处于昏迷状态时，救护者常用俯卧肩背法。在游泳池或陡坡，首先应将溺水者的一只手放在岸边，救护者异侧手压在其上，自己上岸后，将溺水者翻转背向池边，双手握其手腕，在水中沉一沉，借助水的浮力用力提拉，使其臀部坐在池边上岸。使用压手上岸法，注意不得让池边棱角刮伤溺水者脊背。

◎岸上急救

游泳者出现意外，往往是先停止呼吸，后停止心跳，对此应立即采取急救措施，实施心肺复苏术，帮助溺水者重新建立呼吸和血液循环，防止大脑缺氧导致死亡。

人在溺水后，会产生潜水反应：心率减慢，外周动脉收缩，内脏及肢体的血管床关闭，以保证脑和心脏的供血量。溺水者被水淹没后并非立即发生心脏骤停，只是血液中氧含量极度下降时才会发生，这需要几分钟或更多的时间，因为潜水反应和冷水的联合作用，导致机体的氧需要量降低，机体会产生保护作用，延缓脑损伤过程。这个过程的时间极为短暂，如果错过宝贵的时间，即使转送医院，也无回天之术。

据有关统计，成活率与施救的时间有很大的关系。救护者应在溺水者心脏骤停4分钟以内开始实施心肺复苏术，时间越早，成活率也就越高。心肺复苏术徒手操作步骤如下：

※ 发现溺水者后即通过简短的喊话、轻拍面颊判断有无意识，手触颈动脉判断有无心跳，用镜片放在溺水者鼻孔处，观察有无雾气，确诊有无呼吸。如确诊心跳停止，则呼吸肯定停止。

※ 判断溺水者有无意识后，立即呼救，争取他人协助，并通知急救医疗单位。

※ 判断有明显心跳而无呼吸，应立即实施"口对口吹气法"。此法较之其他人工呼吸法通气量大，便于及时配合胸外心脏按压，实施心肺复苏等措施，效果较好。

口对口人工呼吸应使溺水者仰卧，为防止溺水者舌肌松弛，舌根下坠造成呼吸道阻塞，施救者在溺水者颈肩部侧面，一只手扶其额顶部，另一只手用食指、中指、无名指托其下颌骨处，使头部后仰，打开气道保持通畅。吹气时，掰开溺水者的嘴，一手用食指、拇指捏住鼻孔，一手用食指、中指、无名指扶在下颌处。吸气后，对准溺水者口部直接吹气约1500毫升（含氧量15%～18%），使其胸部微微隆起。如吹气时感到阻力较大，溺水者胸廓没有变化，则表示气道尚未打开，应重新调整溺水者头部后仰位置，畅通呼吸道。吹气后，松开捏鼻的手，另一只手放在溺水者胸部轻轻加压，帮助将肺部的气体排出。施救人员侧转头部吸气，再进行口对口吹气。成人按每分钟16～18次，儿童则按每分钟18～20次节律反复进行。其间应检查颈动脉有无脉搏。

※ 若判断溺水者呼吸和心跳全已停止，单纯采用人工呼吸法是无法恢复溺水者的自主心跳的，因此必须在口对口人工呼吸的同时，配合胸外心脏按压进行抢救，才有可能恢复溺水者的自主呼吸和心跳。

施行胸外心脏按压时，应让溺水者仰卧于硬板或平坦的地面上，防止背下松软。施救人员位于溺水者胸部侧面（以右侧为例），以右手食指、中指沿肋骨向上摸到胸骨下端剑突处，然后将左手食指和右手食指依次向上并拢，抬起左手紧靠右手食指旁，使其掌根压在胸骨中线下1/3处。右手掌根压在左手背上，手指交叉向上翘起，手掌根长轴与胸骨长轴平行，双臂伸直，依靠身体上部的重力和肩臂的力量做垂直而有节奏的向下按压，使胸骨下端下陷4~5厘米，间接压迫心脏，迫使心脏血液排出。然后放松，胸内负压增加，心室内血液再次充盈。迫使心脏在不断的挤压、放松下，血液不断循环，达到恢复自主心跳的目的。

进行心脏外按压，动作要平稳，力量大小、速度快慢要适宜。成人每分钟80次左右，儿童每分钟100次左右为宜。对于年幼溺水者，施救者只需要单手按压即可。

心脏胸外按压只能改善血液循环，不能解决氧的供应，对于既无心跳又无呼吸的溺水者而言，胸外心脏按压与口对口人工呼吸紧密配合，才会取得较好的效果。

在施行心肺复苏前应清除溺水者口、鼻中杂物，松开衣领和腰带。及时进行倒水，将溺水者的呼吸道、肺部和食道中的水排出，保证上呼吸道的畅通。倒水常用方法是膝上压背倒水法。倒水时，溺水者俯卧，腹部放在救护者半跪地面屈膝的腿上。救护者一手托其前额，一手按压背部，使溺水者呼吸道伸直，头部放低，前额抬高，使体内水排出。

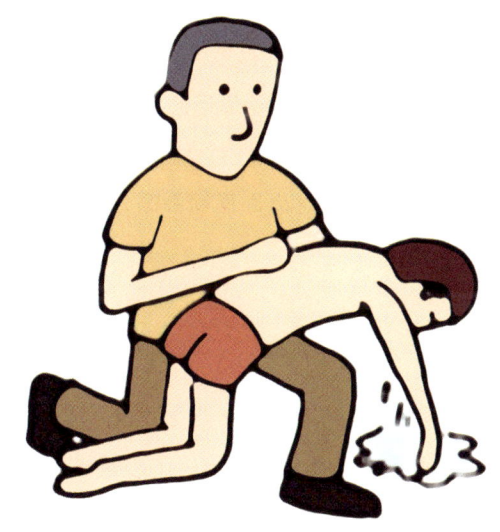

※ 溺水者经过现场的急救，自主呼吸及心跳得以恢复，严重缺氧稍有改善，血压可回升，颈动脉或股动脉可明显触到跳动，才算施救有效，但体力和缺氧状况很难在短时间内得到根本恢复和缓解。因此，复苏后应注意氧的摄入、热量的补充、身体的保暖、脑部的冷敷、空气的流通，并及时送往医院进一步观察和护理。

与游泳有关的疾病及预防

Prevention and Healing of Sport Injuries

在游泳运动中,除了前文安全教育及救护章节中所提及的内容之外,还有一些与游泳有关的疾病和损伤需要注意预防。

结膜炎

在游泳运动中,常见的结膜炎有由衣原体引起的游泳池性的结膜炎和细菌引起的急性结膜炎两种。游泳池性结膜炎大多是因泳池内消毒水的化学刺激或不洁河水、海水等的刺激而引起的,主要表现为眼睛局部酸涩、红肿、异物感及流泪等不适,一般在几个小时后症状就会消失,对视力也不会有严重的影响;急性结膜炎俗称"红眼病",主要因在公共水域或使用公共毛巾而接触到细菌和病毒,导致被传染而引,主要表现为眼睛红肿、充血流泪、疼痛怕光等,发病急、传染性强、刺激症状重,病情一般在 3~4 天可达到高峰,7~14 天后康复。但在此期间有传染性。

结膜炎的预防主要体现在两个方面:一是游泳场所管理方应尽可能保持池水清洁,并禁止有眼病的人下水游泳;二是游泳者游泳时最好佩戴护目镜,若游泳后眼部出现不适症状,应该滴 0.25% 氯霉素眼液进行预防,或者及时到医院就诊治疗,切忌用手或不洁的毛巾揉擦眼睛。

耳病

游泳中常见的耳病主要是耳道感染和中耳炎,大多是因耳朵进水后不正确的挖挠引起的,或是鼻腔呛水后细菌经咽鼓管进入中耳导致感染,主要表现为耳内痒、耳内流水、耳内疼痛和耳道堵塞等。

游泳中耳病的预防,主要在于避免耳朵和鼻孔进水。如果耳朵不慎进水,应该将头偏向进水耳朵的一方,用同侧脚蹦跳,让水自然流出,或者用同侧手食指或中指压住耳道,单足跳,迅速松开手指让水流出;如果呛水,则应采用轻捏鼻子、以嘴呼吸的方式来缓解。耳朵出现疼痛时应避免下水游泳,症状严重时应及时到医院就诊。

附录 Appendix

游泳竞赛规则 Swimming Competition Rules

游泳竞赛是推动游泳运动发展的一个重要途径，而竞赛规则则是确保公平竞争的关键和根本。国际泳联每四年都会修订一次赛例，并以增补附录的形式通知各会员国家。

◎ 出发

出发的规定

①自由泳、蛙泳、蝶泳、个人混合泳及自由泳接力的比赛必须从出发台出发。

②仰泳比赛、混合泳接力的第一棒比赛必须从水中出发。

出发犯规的判罚规定

①任何运动员如在"出发信号"发出前出发，应取消其比赛资格或录取资格。如果在"出发信号"发出后发现运动员抢码犯规，应继续比赛，在该组比赛结束后取消犯规运动员的录取资格。如果在"出发信号"发出前发现运动员抢跳，则不再发"出发信号"，但要将其他运动员召集回来，再次组织出发。

②因裁判员的失误或器材失灵而导致运动员抢跳时，发令员应将运动员召回重新出发，不视为犯规。

◎ 比赛

比赛规定

①比赛中，不得将不同项目、不同性别的运动员（或接力队）混合编组。

②运动员应游完全程才能获得录取资格。

③运动员应始终在其出发的同一泳道内比赛和抵达终点。

④在所有项目中，运动员转身时必须按各泳式的规定触及池壁，不允许在池底跨越或行走。

⑤在自由泳项目和混合泳项目的自由泳段比赛中，允许运动员在池底站立，但不得行走。

⑥不允许拉分道线。

⑦比赛中，运动员不得使用或穿戴任何有利于其速度、浮力、耐力的器具（如手蹼、脚蹼等）和泳装，但可戴游泳镜。不允许在身上使用任何胶带，除非得到组委会指定的医疗机构同意。

⑧在比赛场地内，不允许速度诱导及采用任何能起速度诱导作用的装置与方法。

⑨由于某运动员犯规而影响其他运动员获得优异成绩时，总裁判有权允许被干扰的运动员重新参加预赛。如在决赛或最后一组预赛中发生上述情况，可令该组重新比赛。

⑩接力项目如果有预赛，奖牌和证书应授予获名次接力队中参加了预赛和决赛的所有运动员。

只有赛事组委会设置的录像设备才能作为判断运动员犯规和名次的依据之一。

犯规判罚规定

①游出本泳道阻碍其他运动员或以其他方式干扰其他运动员者，应判犯规。如属故意犯规，总裁判应将犯规情况报告主办单位和犯规运动员所在单位。

②在一项比赛进行过程中，当所有比赛的运动员尚未游完全程时，如果未参加比赛的运动员下水，应取消其原定的下一次的比赛资格。

③接力比赛中，如本队的前一名运动员尚未触及池壁，后一名运动员的脚已蹬离出发台，应判犯规。

④接力比赛中，在各队的所有运动员还未游完之前，除了应游该棒的运动员之外，接力队的任何其他队员如果进入水中，应判犯规。

⑤运动员抵达终点后或在接力比赛中游完自己的距离后，应尽快离池，如妨碍其他游进中的运动员，应判该运动员或接力队犯规。

◎ 各项泳式比赛的规定

自由泳

①自由泳比赛中，可采用任何泳式。但在个人混合泳及混合泳接力比赛中，自由泳是指除蝶泳、仰泳、蛙泳以外的泳式。

②每次转身和到达终点时，运动员身体的某一部分必须触及池壁。

③在整个游程中，运动员身体的某一部分必须露出水面。在出发和每次转身后，允许运动员身体完全没入水中，在 15 米前（含 15 米）运动员的头部必须露出水面。

仰泳

①在出发信号发出前，运动员应在水中面对出发台，两手抓住出发握手器。禁止两脚蹬在水槽里、水槽上和脚趾勾在水槽沿上。

②出发和每次转身后，运动员应蹬离池壁，除在做转身动作外，运动员在整个游进过程中应始终呈仰卧姿势，允许身体做转动动作，但必须保持与水平面呈小于 90° 的仰卧姿势，头部位置不受此限。

③在整个游进过程中，运动员身体的某一部分必须露出水面。在出发、转身及抵达终点时，允许运动员身体完全没入水中。出发和每次转身后，在 15 米前（含 15 米）运动员的头部必须露出水面。

④在转身过程中，运动员身体的某一部分必须触壁，允许肩的转动超过垂直面，之后可做一次单臂划水或双臂同时划水动作，并以此划水动作作为连贯转身动作的开始。运动员必须呈仰卧姿势蹬离池壁。

⑤运动员在到达终点时，必须以仰卧姿势触壁。

蛙泳

①在出发和每次转身后，允许运动员身体没入水中，可做一次手臂充分向后划至腿部的动作。在第一次手臂划水动作过程中，允许打一次蝶泳腿接蛙泳蹬腿动作。

②从出发和每次转身后的第一次手臂动作开始，身体应保持俯卧。任何时候都不允许身体呈仰卧姿势。在出发后的整个游程中，动作周期必须是以一次划臂和一次蹬腿的顺序完成。

③两臂的所有动作应同时并在同一水平面上进行，不得有交替动作。两手应同时在水面、水下或水上由胸前伸出。除转身前的最后一次划水动作、转身过程中及抵达终点前的最后一次划水动作外，肘部不得露出水面。两手应在水面或水下向后划水。除出发和每次转身后的第一次划水动作外，两手向后划水不得超过臀线。

④在每个完整动作周期内，运动员头的某一部分必须露出水面。出发和每次转身后的第二次划臂至最宽点两手向内划水前，头部必须露出水面。

⑤两腿的所有动作应同时并在同一水平面上进行，不得有交替动作。在蹬腿过程中，两脚必须做外翻动作，不允许做剪夹、上下交替打水和向下的蝶泳打水动作（本条第①项所述除外），只要不做向下的蝶泳打水动作，允许两脚露出水面。

⑥在每次转身和到达终点时，两手应在水面、水上或水下同时触壁。在触壁前的最后一次划水动作结束后，头可以没入水中。但在触壁前最后一个完整或不完整的动作周期中，头的某一部分应露出水面。

蝶泳

①从出发和每次转身后的第一次手臂动作开始，身体应保持俯卧姿势，允许水下侧打水。任何时候都不允许呈仰卧姿势。

②两臂必须在水面上同时向前摆动，并同时在水下向后划水。

③所有腿部的上下打水动作必须同时进行。两腿或两脚可不在同一水平面上，但不允许有交替动作，不允许蹬蛙泳腿。

④在每次转身和到达终点时，两手应在水面、水上或水下同时触壁。

⑤在出发和每次转身后，允许运动员身体完全没入水中，可做一次或多次打水动作和一次划水动作，划水动作结束必须使身体升出水面。在15米前（含15米）运动员的头部必须露出水面。运动员必须使身体保持在水面上，直至下次转身或到达终点。

混合泳

①个人混合泳必须按照蝶泳、仰泳、蛙泳、自由泳的顺序进行比赛。每种泳式必须完成赛程四分之一的距离。

②混合泳接力必须按照仰泳、蛙泳、蝶泳、自由泳的顺序进行比赛。

③在个人混合泳和混合泳接力项目的比赛中，每一泳式都必须符合相关泳式的有关规定。在仰泳转蛙泳过程中，运动员必须呈仰泳姿势触及池壁。

游泳比赛池（馆）介绍

在正式的比赛场合，对游泳池（馆）及其配套设施的要求都比较严格。

◎ 游泳池

池长：游泳池应长50米（短池长25米），长池误差范围为+0.03米~0.00米，短池误差范围为+0.02米~0.00米。两端池壁自水面上0.30米至水面下0.80米的范围内，必须符合此要求。安装自动计时装置触板后，误差不得超出此范围。

池宽：池宽21米或25米（奥运会和世界游泳锦标赛的池宽为25米）。

池深：游泳池深度至少2米，推荐3米。

池壁：游泳池两端池壁必须平行，垂直于泳道和水面。池壁必须坚实、平整，自水面下0.80米以上的池壁必须防滑。允许在池壁上设休息台。休息台必须设在水面下至少1.20米深处，台面宽0.10米至0.15米。游泳池的四壁可设水槽。如果在两端池壁上设水槽，水槽必须用合适的栅板或隔板遮盖，同时能够在水面上0.30米处安装触板。

移动池壁：当游泳池的一端使用移动池壁时，必须横贯整个游泳池，池壁必须垂直、坚实、平整、防滑，在水面上0.30米到水面下至少0.80米的位置能够安装触板；移动池壁在水面上、下方不能有伤及运动员手、脚、手指和脚趾的孔洞；移动池壁的设计必须使裁判员可以自由行走而不会产生明显的水流和漩涡。

池水：水温25℃~28℃。比赛时，池水必须保持正常水位。如使用水循环装置，池水不得有明显的流动和漩涡。池水应达到运动员能看清池底和池壁标志线的清晰程度。池水水质必须符合国家游泳场所的水质卫生标准。

◎ 泳道、分道线与标志线

泳道：游泳池可设8条或10条泳道，由9条或11条分道线构成，每条泳道宽2.50米。使用8条泳道比赛时，泳道编号应是从1到8道；使用10条泳道比赛时，泳道编号应是从0到9道。

分道线：分道线必须拉至游泳池两端，固定分道线的挂钩应安装在池壁内，分道线必须拉紧。分道线由直径 0.05～0.15 米的单个浮标连接而成，距两端池壁 15 米处和 50 米池的 25 米处的浮标颜色应不同于其周围浮标颜色。自两端池壁起至 5 米内之浮标为红色。两条泳道之间只允许有一条分道线。

使用 8 条泳道比赛时，游泳池的分道线颜色如下图所示：

第 1、9 分道线为绿色；

第 2、3、7、8 分道线为蓝色；

第 4、5、6 分道线为黄色。

出发端		
8	9.绿色	8
7	8.蓝色	7
6	7.蓝色	6
5	6.黄色	5
4	5.黄色	4
3	4.黄色	3
2	3.蓝色	2
1	2.蓝色	1
	1.绿色	

使用 10 条泳道比赛时，游泳池的分道线颜色如下图所示：

第 1、11 分道线为绿色；

第 2、3、4、8、9、10 分道线为蓝色；

第 5、6、7 分道线为黄色。

出发端		
9	11.绿色	9
8	10.蓝色	8
7	9.蓝色	7
6	8.蓝色	6
5	7.黄色	5
4	6.黄色	4
3	5.黄色	3
2	4.蓝色	2
1	3.蓝色	1
0	2.蓝色	0
	1.绿色	

泳道标志线（见下图）：各泳道中间的池底应有清晰的深色标志线，线宽0.20～0.30米，线长46米（25米池线长21米），泳道标志线两端距池端各为2米。在泳道标志线的两端应各设一条长1米与泳道标志线同宽并与其垂直的对称横线。

50米游泳池的每条泳道标志线，在距两端池壁15米处设一条长0.50米、宽0.20～0.30米的横线（横线的前沿距池壁15米）。

池端目标标志线（见下图）：池端目标标志线应设在两端池壁上或触板上，位于各泳道正中，宽为0.20～0.30米，从池壁的上沿一直延伸到池底。在水面下0.30米处的池端目标标志线中心上设一横线，横线长0.50米，宽0.20～0.30米。

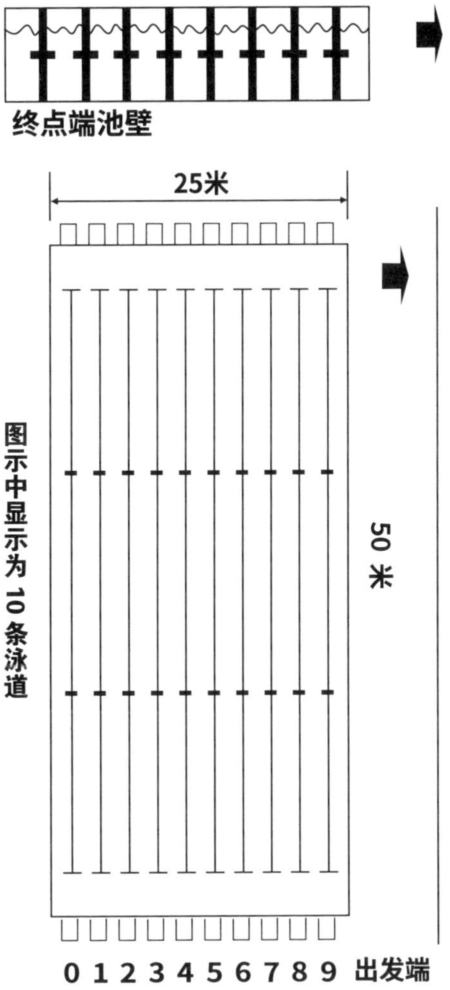

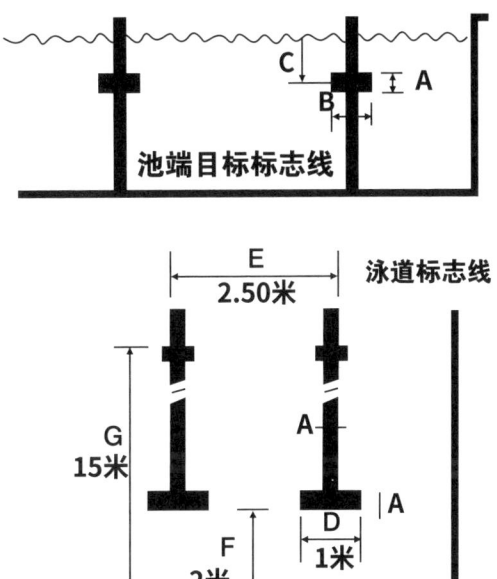

A. 泳道标志线及其两端横线、池端目标标志线宽0.20～0.30米
B. 池端目标标志线横线长0.50米
C. 池端目标标志线横线中心的深度0.30米
D. 泳道标志线两端横线长1米
E. 各泳道标志线间宽度2.50米
F. 泳道标志线两端横线距池端距离2米
G. 泳道标志线横线的前沿距泳池端15米

◎ 出发台

出发台应正对泳道的中间，其前沿应高出水面 0.50 ~ 0.75 米。出发台的表面面积至少为 0.50 米 ×0.50 米（重大游泳赛事的出发台表面面积宽至少 0.50 米，长至少 0.60 米）。台面应由防滑材料覆盖，其向前倾斜不超过 10 度。出发台前沿应与池壁在同一垂直面上。出发台可设置可调节踏板。可在出发台的两侧设出发握手器。允许在出发台下安装电子显示板，但不能闪烁。仰泳出发时显示板上的数字不能跳动。

出发台必须坚固没有弹性，并应保证运动员出发时能在前沿或两侧抓住出发台。如果出发台台面的厚度超过 0.04 米，可在出发台两侧设至少 0.10 米长、前端设至少 0.40 米长的握手槽。槽深 0.03 米。

出发台必须设有横式和竖式的仰泳出发握手器，高出水面 0.30 ~ 0.60 米。横握手器与水平面平行，竖握手器与水面垂直。握手器应与池壁在同一垂直面上，不得突出于池壁之外。

出发台四周应用阿拉伯数字明显地标明泳道号数。出发台的号数应在出发一端面对游泳池从右至左依次排列。

◎ 召回线与仰泳转身标志线

出发召回线：出发召回线必须横跨游泳池并系在离出发池端 15 米处的固定柱子上，距水面至少 1.20 米，要能迅速放入水中，并有效地覆盖全部泳道。

仰泳转身标志线：仰泳转身标志线为横跨游泳池的旗绳。旗绳两端固定在离游泳池两端 5 米的柱子上，高出水面 1.80 米。标志旗必须固定在标志线上，规格为底边 0.20 米、两斜边 0.40 米的三角形。标志旗之间的距离为 0.25 米。

◎ 自动计时装置

自动和半自动计时装置应能判定运动员到达终点的先后,并记录运动员的成绩。计取的成绩应精确到百分之一秒。任何装置均不得妨碍运动员的出发、转身和溢水系统的功能。这种装置应由发令员启动。装置的连线尽可能不要露在池岸上,能够按名次和泳道显示出各泳道所有记录下的信息,提供易读的运动员成绩。

自动计时装置应包括以下设备:

发令装置:供发令员发布口令的话筒。如使用发令枪,必须带有信号转换器。话筒和信号转换器应与各出发台的扬声器相连,使运动员都能同时听到发令员的口令和出发信号。

自动计时装置触板:触板最少应宽 2.40 米、高 0.90 米、厚 0.01 米 ±0.002 米。触板应露出水面 0.30 米,浸入水中 0.60 米,各泳道的触板应独立安装以便单独控制。触板的表面颜色必须鲜明,并设有固定的池端目标标志线。

触板应安装在泳道中心的固定位置上,并应轻便,以便易拆卸。触板的灵敏度应不会对水浪的波动产生作用,而只对运动员的轻微触动产生作用。触板的顶部前沿应是灵敏的。

触板上的标志线应与池壁的标志线一致并重叠,触板的周围和边沿应标有 0.025 米的黑边。

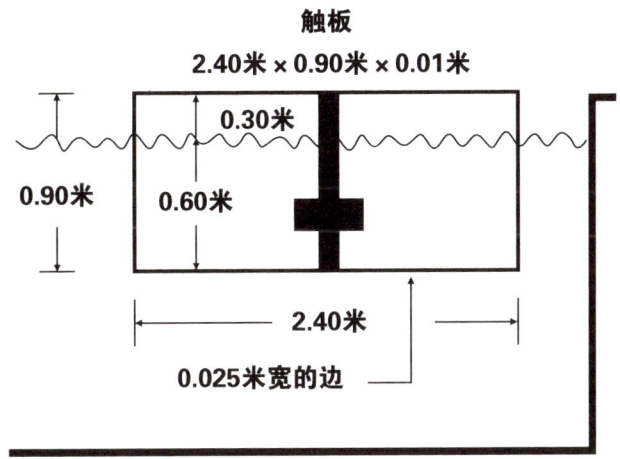

自动计时装置至少有下列配件和功能：在比赛中能重复打印出各种信息；电子公告板；精确到百分之一秒的接力出发判断器。当使用自动计时摄像系统时，该系统可以作为接力出发判断器的补充；自动计趟器；分段成绩显示；总名次排列；误触板纠正器；自动充电器。

电子公告板至少应有12行，每行可显示32个字符，每个字符的位置上均能显示字母和数字，每个字符至少为0.36米高。显示栏应可上下翻动，并且有闪烁功能。电子公告板应显示在比赛中运行的成绩。每个矩阵记分牌都应能通过计算机程序进行控制，并能显示动画。成绩公布板至少为7.50米宽、4.50米高。

在离终点池端3～5米处，必须有一个装有空调的控制中心，面积至少为6米×3米，要求在比赛中随时能不受阻碍地观察到终点端的情况。总裁判在比赛期间应能方便地出入控制中心，其他时间控制中心应能封闭。

使用自动计时装置时，可以采用半自动计时装置作为自动计时装置的备用系统，每条泳道必须有3个按钮，由3名裁判员独立操作。在运动员抵达终点触壁后，裁判员应立即按下按钮以计取成绩。

如何欣赏游泳比赛 Tips for Enjoying Swimming Competitions

了解了一定的游泳竞赛规则之后，就可以更加内行地观看竞技游泳比赛了。为了专业而愉快地欣赏奥运会游泳比赛等国际性大赛事，还应掌握以下常识和技巧：

◎ 了解比赛级别

当今世界级的游泳比赛有奥运会、世界游泳锦标赛、世界杯游泳赛、世界短池游泳锦标赛、世界杯短池系列赛、世界大学生运动会、亚运会、亚洲游泳锦标赛和东亚运动会等。这些游泳比赛级别相对较高，能够集结世界各地的优秀运动员拼搏竞技，观赏性自然比较高。尤其是四年一届的奥运会游泳比赛和2001年开始两年一届的世界游泳锦标赛，是目前级别最高、规模最大的竞技游泳比赛，也是最值得观赏的赛事。

在观看游泳比赛前，可以先对比赛的级别做背景知识的了解，从而调整合适的心理预期，以及有所选择地决定是否观赏。

◎ 了解运动员水平

运动员水平的高低，直接决定着比赛的激烈程度和观赏价值。在观赏比赛前，可以预先对以往各项游泳比赛创下的最高纪录做一个知识性的了解，在观看比赛中就能产生一个本次能否打破原记录的心理预期。此外，国际泳联统计委员会每年年底都会将本年度所有比赛的成绩做个大排序，排出本年度每个项目的前若干名运动员。一般来说，排名前十的运动员基本上代表着本阶段世界的先进水平。而对能否创造新的世界纪录而言，这些人也往往成为热门人选。

◎ 了解比赛规则

游泳比赛的赛制、项目、泳姿等多样，了解比赛的规则是更好地欣赏比赛的关键。在比赛前，报告员会对该赛次比赛的项目、比赛性质（预赛或决赛），以及每条泳道运动员的姓名和代表国家进行介绍，观看时就可以做到心中有数。

从赛制上来说，规模大、水平高的游泳比赛一般赛次可以分为预赛、半决赛和决赛（200米以下的个人项目有半决赛，而400米以上和接力比赛都不设半决赛）。预赛中，每项比赛有多组运动员参加，这些运动员是根据成绩排序来分组和安排泳道的。一般来说，最后一组的运动员水平最高，其次是倒数第二组，以此类推。以8条泳道为例，先根据运动员赛前报名成绩进行排名分组，24名运动员可以分为三组，成绩最好的8名运动员被安排在倒数第一组，9~16名则被安排在倒数第二组，17~24名则被安排在倒数第三组。而运动员超过24人时，则将所剩运动员按其顺序排在倒数第四组。每一组按4、5、3、6、2、7、1、8的顺序排列参加比赛，也即是成绩最好的在第四泳道，第二名在第五泳道，以此类推。通过预赛，选出成绩最好的8名运动员参加决赛。根据预赛的成绩，依旧按照4、5、3、6、2、7、1、8的顺序排列。因此，4、5、3这三条泳道代表着预赛成绩最好的前三名，往往也是冠军产生的泳道。

从比赛项目上来说，各级别的游泳比赛所设的项目有所不同，如国际泳联公布的游泳世界纪录共有40个项目，世界游泳锦标赛中设了40个项目，而奥运会则设了32个游泳比赛项目。从比赛距离来说，最长距离的项目是1500米自由泳，最短的项目是50米。以奥运会游泳比赛为例，设有如下比赛项目：

奥运会游泳竞赛项目表

项目 \ 距离	性别	
	男子	女子
自由泳（男、女共10项）	50米、100米、200米、400米、1500米	50米、100米、200米、400米、800米
仰泳（男、女共4项）	100米、200米	100米、200米
蛙泳（男、女共4项）	100米、200米	100米、200米
蝶泳（男、女共4项）	100米、200米	100米、200米
个人混合泳（男、女共4项）	200米、400米	200米、400米
接力（男、女共6项）	4×100米混合泳 4×100米自由泳 4×200米自由泳	4×100米混合泳 4×100米自由泳 4×200米自由泳

◎ 多角度欣赏游泳比赛

胜负角度

竞技游泳是以运动员在遵守相关规则的前提下，以游完全程所用时间的长短来判断胜负的比赛。在选择观赏游泳比赛前，必须先了解比赛的规格、性质和影响力。级别越高的比赛，往往也越能吸引更加优秀的运动员参加，比赛也会更加激烈、更加精彩、更加耐看。从游泳运动的发展趋势来看，运动员年轻化以及身材高大的趋势明显增强。

技术角度

游泳技术比较复杂，而且因人因时而异。在观看比赛时，除了可以看到游泳者速度不一地向前游进，还可以细细欣赏和感受四种泳姿的魅力。自由泳的速度最快，以连续、自然、平稳见长；蛙泳似蛙蹬腿，轻盈之中见力度；蝶泳似彩蝶扑浪，刚劲而不失轻柔；仰泳似闲庭信步，自由而节奏分明。不同的技术适合于不同体质和身体比例的运动员，也可以带来不一样的观感。

战术角度

为了在比赛中获得最佳成绩，运动员们往往会结合自身的身体状况和技术水平，在战术上做出一些调整。比如，有的运动员在预赛时就奋力挺进，顺利进入决赛；有的运动员则在预赛时表现平平，为的是保存实力征战决赛；还有的人在比赛前半程只是跟进，而后半程才发力赶超等等。运动员所采取的不同战术，使比赛进程充满悬念，观赏起来也更加精彩刺激。

美学角度

游泳的环境舒适优美，清澈见底的水加上颜色分明的彩色泳道，构成一幅优美的画面。而游泳运动员高大而呈流线型的优美身姿，也充满着人体的健康之美。不同的技术泳姿激起的水花，配合着比赛的节奏，给人带来非常赏心悦目的观感。

科技角度

随着科技的不断发展，游泳运动中也融入了越来越多的科技成果：鲨鱼皮制成的游泳衣阻力极小，帮助不少运动员立下赫赫战功；自动计时器的使用，使时间记录更加精准；高速水下摄像机和高清晰超大屏幕等，更是让观众足不出户，就可以观看到精彩的比赛。

体育文化角度

在激烈的比赛中，可以感受到顽强拼搏的体育精神。尤其在大型的世界级游泳比赛中，世界各地游泳运动员和啦啦队的集聚，更是不同种族、宗教信仰和风俗习惯等的集中展示。在现场观看比赛时，文明的行为和包容的心态也显得非常重要。

图书在版编目（CIP）数据

游泳入门与进阶技巧/中映良品编著. ——成都：成都时代出版社，2020.4（2021.10重印）
ISBN 978-7-5464-2546-7

Ⅰ.①游… Ⅱ.①中… Ⅲ.①游泳—基本知识 Ⅳ.①G861.1

中国版本图书馆CIP数据核字（2020）第025447号

游泳入门与进阶技巧
YOUYONG RUMEN YU JINJIE JIQIAO

中映良品 编著

出 品 人	达　海
责任编辑	李卫平
责任校对	张　巧
装帧设计	中映良品　成都九天众和
责任印制	张　露
出版发行	成都时代出版社
电　　话	（028）86621237（编辑部）
	（028）86615250（发行部）
网　　址	www.chengdusd.com
印　　刷	四川华龙印务有限公司
规　　格	787mm×1092mm　1/16
印　　张	10
字　　数	180千
版　　次	2020年4月第1版
印　　次	2021年10月第3次印刷
书　　号	ISBN 978-7-5464-2546-7
定　　价	48.00元

著作权所有·违者必究。

本书若出现印装质量问题，请与工厂联系。电话：（028）87781035